Los VERBOS en inglés

Todo lo que necesitas saber sobre las formas verbales inglesas

Sila Inglés

Copyright © Sila Inglés, 2015

Reservados todos los derechos.

No se permite la reproducción total o parcial de esta obra, ni su transmisión en cualquier forma o por cualquier medio (electrónico, mecánico, fotocopia, grabación u otros) sin autorización previa y por escrito de los titulares del copyright.

La infracción de dichos derechos puede constituir un delito contra la propiedad intelectual.

Para más información, contacte con el departamento de márketing de Aprende Inglés Sila: **marketing@aprendeinglessila.com.**

Quiero agradecer la participación e inestimable apoyo de Amelia Sánchez en este proyecto, reconocer y agradecer la infinita paciencia de Víctor y dar un enorme *Thank you!* a todos los seguidores de aprendeinglessila.com por confiar en mí día tras día.

Sila

Índice

1. Básico **12**

El verbo TO BE 13
El verbo TO DO (DOES) 17
El Pasado de los Verbos Regulares-*Spelling* 23
El pasado de los Verbos Regulares-Pronunciación 25

2. Tiempos Verbales **28**

El Presente Simple: Introducción 29
El Presente Simple: Negación e Interrogación 31
El Pasado Simple 33
El Presente Continuo 37
Presente Simple vs Presente Continuo 39
El Presente (Simple y Continuo) para referirse al futuro 41
El Pasado Continuo 43
Diferencia entre el Pasado Simple y el Pasado Continuo 45
El Presente Perfecto: Introducción 49
El Presente Perfecto: Negación e Interrogación 51
El Presente Perfecto: *Just, already, yet, for* y *since* 53
El Pasado Perfecto 59
El Presente Perfecto Continuo 63
El Futuro con *"going to"* 65
El Futuro con *"will"* 69
El Futuro Continuo 73
El Futuro Perfecto 77
El Futuro Perfecto Continuo 79

3. Verbos Modales **84**

Introducción a los Verbos Modales: CAN y COULD 85
Verbos Modales: SHALL 89
Verbos Modales: SHOULD 91
Verbos Modales: MUST vs HAVE TO 93

Verbos Modales: MAY y MIGHT	95
Verbos Modales: OUGHT TO	99
Had Better + Infinitivo	101
WOULD: *I would like*	105
Los Modales Perfectos	107

4. *Phrasal Verbs* — 112

Phrasal Verbs, qué fastidio…	113
Tipos de *Phrasal Verbs*	115
Phrasal Verbs con LOOK	119
Phrasal Verbs: To call ON, AT, FOR, TO, UP.	121

5. Avanzado — 126

Las formas Condicionales	127
La Voz Pasiva *(Passive Voice)*	133
La Voz Pasiva con Verbos Modales	139
Verbos estáticos *(Stative Verbs)*	143
El Modo Subjuntivo	147
La forma causativa: HAVE/GET *(something done)*	151
Verbos seguidos de Gerundio o de Infinitivo	153

6. Variadito — 158

Cómo se forma el Gerundio en inglés	159
Cómo se forman las *Question Tags*	161
La forma del Imperativo en inglés + *Let's*	167
Cuándo omitir el verbo en inglés	171
Expresar deseos en inglés: *I wish - If only*	175
Usos y formas del verbo GET	179
Usos y formas del verbo GO	183
Cómo se usa el verbo SEEM	185
Contracciones de los verbos en inglés	189
No puedo evitarlo: *I can't help it*	193
¿Usamos bien el verbo *'forget'* en inglés?	195

Diferencia entre SEE, LOOK y WATCH 197
Diferencia entre REMEMBER, REMIND y RECALL 199
Diferencia entre SAY y TELL... 203
Usos varios del verbo COME.. 207
Diferencia entre los verbos DO y MAKE en inglés 211

7. Apéndice **216**

Cuadro/resumen de los tiempos verbales en inglés.................................... 217
Lista de Verbos Irregulares inglés-español... 219
Lista de 200 *Phrasal Verbs* inglés-español 225

Parte 1: BÁSICO

El Verbo To Be

El verbo 'to be' nos ahorra a los hispanohablantes aprendernos varios verbos diferentes en inglés, porque se traduce al español como los verbos 'ser', 'estar', 'tener', etc...

- *I am fat*
  Soy/estoy gordo

- *She is ten years old*
  Ella tiene diez años

- *They are Mexican*
  Ellos son mexicanos

Si el sujeto soy 'yo', diré 'am'.
Si el sujeto eres tú, nosotros, vosotros/as o ellos/as diré 'are'.
Si el sujeto es él, ella o eso diremos 'is'.

Observa esta tabla:

Sujeto + Verbo 'to be' + Complemento		
I (Yo)	Am (soy/estoy)	
You (Tú)	Are (eres/estás)	
He (Él) She (Ella) It (Eso)	Is (es/está)	*Tired* (Cansado)
We (Nosotros)	Are (somos/estamos)	
You (Vosotros)	Are (sois/estáis)	
They (Ellos o Ellas)	Are (son/están)	

Tal como en español, el verbo 'to be' se utiliza para describir estados relativamente permanentes:

- **She is Spanish**: Ella es española

o estados transitorios:

- **We are fed up**: Estamos hartos

Contracciones, Negación e Interrogación

Ahora vamos a repasar cómo se contrae y sus variantes en su forma negativa e interrogativa.

En inglés, a diferencia del español, es muy habitual contraer dos palabras, es decir, unir y (a la vez acortar) dos palabras en una mediante un apóstrofo (').

No sólo acortan dos palabras unidas, lo acortan todo, todo, todo, como decía la niña de los seguros...

Por ejemplo: '*I have got a bottle of water*' suele sonar así 'AIF GO A BO-L AF WUO-E'.

La contracción no sólo afecta a la ortografía sino que además cambia la pronunciación de las dos palabras unidas.

Por ejemplo: *'I have'* /ˈaɪ hæv/ – *'I've'* /aɪv/.

Cómo se contrae el verbo *'to be'*:

NORMAL	CONTRACCIÓN	
I am	I**'m**	
You are	You**'re**	
He is	He**'s**	*clever*
She is	She**'s**	(listo)
It is	It**'s**	
We are	We**'re**	
You are	You**'re**	
They are	They**'re**	

NEGACIÓN

Para negar el verbo *'to be'* se le debe añadir la partícula *'not'*. Eso es todo...

Cuando queremos contraer la negación se le añade '-n't' unido al verbo (excepto en la primera persona del singular: *'am'*).

NEGACIÓN	CONTRACCIÓN	
I am not	I'm not	
You are not	You aren't	
He is not	He isn't	*happy*
She is not	She isn't	(feliz)
It is not	It isn't	
We are not	We aren't	
You are not	You aren't	
They are not	They aren't	

INTERROGACIÓN

Cómo ya sabemos, en inglés no existe el símbolo de interrogación de principio de frase como en español (¿) (aunque en español, entre el whatsapp y los mensajes cortos, cada vez lo utilizamos menos...).

En inglés sólo se utiliza el símbolo del final (?) por lo que, para saber que una frase va a ser una pregunta desde el principio, debemos fijarnos en el orden de las palabras.

En las oraciones interrogativas cambiaremos el orden de las palabras y colocaremos el verbo al principio seguido del sujeto:

✦ *You are stupid*
   Eres tonto (lo afirmo)

✦ *Are you stupid?*
   ¿Eres tonto? (lo pregunto)

*Fijándote en el orden de las palabras en inglés puedes saber fácilmente, desde el principio, si se va a formular una pregunta o una afirmación.

Easy peasy! ;-)

El verbo TO DO (DOES)

Si este capítulo fuera algo así como una *intro* al inglés con 1000 palabras, digamos que el verbo *"to do"* (does) sería una de las primeras que deberíamos aprender debido a su frecuencia y variedad de uso.

Veamos sus usos:

Como auxiliar

Nos valemos de este verbo para formar la negación e interrogación de todos los verbos en Presente Simple. Bueno... de todos, todos, no.

El verbo *to be*, el *have got* y los Verbos Modales (*can, could, must, should*, etc.) se valen por sí solos para hacer sus formas negativas e interrogativas (más adelante lo veremos). Pero digamos que, en cierta forma, ellos se lo guisan y ellos se lo comen:

TO BE	HAVE GOT
I am ------- Am I? -------- I'm not	I have got---have I got?—I haven't got
She is ----- Is she?-------She isn't	She has got—has she got?-She hasn't got
We are ----Are we? ------ We aren't	We have got—Have we got?-We haven't got
I can --- Can I? --- I can't	

Pero, ¿qué pasa con todos los demás verbos?

Pues que necesitan una ayudita para sus formas negativas e interrogativas. De ahí que esa ayudita se la conozca con el nombre de auxiliar.

Afirmación	Negación	Interrogación
I / You / We / They go	I / You / We / They don't go	Do I / You / We / They go....?

| He / She / It goes | He / She / It doesn't go | Does he / she / it go....? |

¡Atención! Para los más despistados os recuerdo un par de cosillas:

En la forma interrogativa:

> **DO + Suj (I, You, We, They) + verbo (forma base)**
> *Do I/you/we/they speak English?*
>
> **DOes + Suj (he, she, it) + verbo (forma base)**
> *She speakS English*
> *DoeS he/she/it/ speak English?*

Es el auxiliar el que lleva la '-s', no el verbo léxico (el que carga con el significado).

**Fijaos en la pronunciación:

- *Do* /du:/
- *Does* /dʌz/

En la forma negativa:

> **Sujeto (I, You, We, They) + don't + verbo (forma base)**
> *I/you/we/they DON'T speak English*
>
> **Sujeto (He/she/it/) + Doesn't + verbo (forma base)**
> *She doesn't speak English*

*Repetimos: Es el auxiliar el que lleva la '-s'.

La contracción de *do not* es *don't* y la de *does not* es *doesn't*.

He de hacer un gran alto en este punto.

¡El verbo auxiliar está ahí, lo vemos, lo escribimos, lo pronunciamos pero NO lo traducimos!

Y os digo esto desde la experiencia.

Con los años, me he fijado que la tendencia más que generalizada de los que comienzan a estudiar inglés es intentar traducir el auxiliar.

Muchos confunden las funciones del verbo *'to do',* e intentan darle un valor, un significado.

En cierto modo, tiene su lógica...Si la palabra está ahí será por algo, ¿no?

De ahí que se decanten por traducirla como "hacer". Y claro, no les cuadra... y, cuando creían que lo entendían...tras este intento fallido, terminan creyendo que no entienden nada de nada.

Así que, aquí va mi consejo para los *beginners*: "Sí, no es un espejismo, la palabra en cuestión está ahí, es más, tiene que estar ahí, pero haced como que no la veis a la hora de traducir.":

"Do you speak English?" Es "¿Tú hablas inglés? Nada de ¿Tú hacer hablar...?

Sigamos...

PARA LAS RESPUESTAS CORTAS a preguntas con DO/DOES:

Ante una pregunta como: *"Do you speak English?"*
Dos posibles respuestas:

>*Yes, I do.*
>*No, I don't.*

Pero, ¿si la pregunta fuera en 3º persona del singular?
"Does he speak English?

Dos posibles respuestas:
>*Yes, he does.*
>*No, he doesn't.*

Con este uso básicamente se intenta evitar la repetición del verbo *("Yes, I speak"* o *"No, I don't speak").*

DO como verbo léxico

Significa "hacer". No lo confundáis con "*to make*" que también tiene ese significado.

Reconozco que puede ser bastante complicado saber cuándo se usa "*make*" y cuándo "*do*" teniendo en cuenta que ambas significan lo mismo.

En otro capítulo más adelante profundizaré en la diferencia de estos dos verbos, pero, en términos generales, diríamos que:

Make se emplea:

Para actividades que implican algún tipo de trabajo manual, creativo, o que produce algún efecto:

- *make your bed* (hacer tu cama)
- *make someone smile* (hacer reír a alguien)
- *make a cake* (hacer una tarta)
- *made of wood* (hecho de madera)

Do se emplea:

Para referirnos a funciones desempeñadas o cuando no se especifica lo que se hace:

- *Do a job* (desempeñar un trabajo)
- *Do your homework* (hacer los deberes)
- *Do something* (hacer algo)

"*To do*" repetido-(Verbo léxico)

¡Ojo! Que no os choque cuando en una misma frase tenéis el verbo *to do* como auxiliar y como verbo léxico.

El error común es omitir el verbo porque el alumno piensa que sobra uno o que está siendo repetitivo. Se escriben igual pero cada uno cumple una función diferente.

- *Do you always do the housework?*
  ¿Haces siempre las tareas de casa?

El primer "*do*" funciona como verbo auxiliar, mientras que el segundo "*do*" es el verbo léxico (el que carga con el significado).

Como intensificador del verbo al que acompaña:

Si queremos enfatizar una acción tan solo deberemos anteponer *do/does* (dependiendo del sujeto) al verbo.

De este modo:

A: ***Do you know him?*** (¿Lo conoces?)

B: *I* **do** *know him.* (Sería como decir: *"Of course, I know him"* –Claro que lo conozco- o *"I really know him"* –Realmente lo conozco-.)

El Pasado de los Verbos Regulares-*Spelling*

Vamos a ver una lección fundamental: cómo se forma el pasado y participio de los verbos regulares.

Por alguna extraña razón, en los colegios y academias ponen especial énfasis en enseñarnos los verbos irregulares, pero ¿qué pasa con los regulares?

A decir verdad, si hay algo en lo que el inglés nos lo pone fácil, es en las formas verbales.

Un claro ejemplo es la conjugación de los verbos regulares en pasado.

La lengua inglesa solo tiene una forma de pasado, que se utilizará para cualquier acción que haya sido completada en el pasado.

Además, esta forma será la misma para todas las personas, desde la primera del singular (yo) hasta la tercera del plural (ellos/as).

Lo único que tienes que hacer para formar el pasado en los verbos regulares es añadir '–ed' al infinitivo del verbo:

- **Work** (trabajar) → *work**ed***
- **Play** (jugar) → *play**ed***

....Aunque no podía ser tan fácil. Hay algunas reglas que debemos tener en cuenta antes de conjugar el verbo:

Una sílaba

Si el verbo es de una sola sílaba y tiene la forma CVC (consonante, vocal, consonante) tendremos que doblar la consonante antes de añadir '-ed' es decir→ C+V+C= C^2

- **Plan** (planear) → *plan**ned***
- **Fit** (caber) → *fit**ted***

Termina en "-y"

Si el verbo termina en '-y' precedido de una consonante, tendremos que cambiar esta letra por 'i':

- **Cry** (llorar)→ *cried*
- **Study** (estudiar) → *studied*

Termina en "-e"

Si el verbo **termina en '-e'**, sólo añadiremos una 'd':

- **Dance** (bailar) → *danced*

Es *easy*, ¿no?

**El tema de cómo pronunciar estos verbos es más peliagudo (o al menos los hispanohablantes nos solemos liar), pero en realidad es muy simple cuando se conocen las reglas...¡*Veámoslas!*

EL PASADO DE LOS VERBOS REGULARES-PRONUNCIACIÓN

La pronunciación de la terminación '-ed' es muy sencilla, aunque a los hispanohablantes nos cuesta bastante aprender que en una palabra puede haber letras que no se pronuncian.

Estas son las 3 posibles pronunciaciones:

1. 'ed'–> /t/

'-ED' se pronunciará como una 't' cuando vaya detrás de un sonido sordo, es decir, un sonido con el que NO nos vibran las cuerdas vocales.

Estas letras son las consonantes:

p, k, ch, sh, s, f, h y θ (este último sonido es como una 'z' española)

A continuación tienes algunos ejemplos de verbos que acaban en estas consonantes:

- *Stopped* → /stopt/
- *Checked* → /chekt/
- *Washed* → /wosht/

2. 'ed'–> /d/

'-ED' se pronunciará como una 'd' tras sonidos sonoros, es decir, sonidos con los que SÍ vibran las cuerdas vocales.

Los sonidos sonoros son todas las vocales y las consonantes b, g, z, v, m, n, l, r, w, j, ð (este último sonido es parecido a una 'd', normalmente representado por las letras 'th' como en la pronunciación de la palabra '*the*').

Veamos algunos ejemplos:

- *Listened* → /lisend/
- *Called* → /coold/
- *Grabbed* → /grabd/

3. 'ed'–> /ɪd/

'-ED' se pronunciará 'id' con verbos que terminen en 't' o 'd'.

Mira los siguientes ejemplos:

- **Started** ➜ /startid/
- **Decided** ➜ /disaidid/

**NOTA IMPORTANTE: Cuando decimos que la pronunciación depende de cómo acaba el verbo, nos referimos a como suena, NO a como se escribe.

→ *Por ejemplo, el verbo 'appreciate' (apreciar), ortográficamente acaba en la vocal 'e', pero al pronunciarlo acaba en 't': /əˈpriːʃieɪt/, entonces deberemos seguir la regla nº 3 (la de las palabras que acaban en en 't' o 'd').*

Is it clear?

Es importante ir practicando la pronunciación de estos verbos.
Al principio costará un poco atinar con la pronunciación correcta, pero a medida que vayas practicando, verás como te sale espontáneamente.

Parte 2: Tiempos Verbales

EL PRESENTE SIMPLE: INTRODUCCIÓN

El Presente Simple en inglés se forma de una manera muy sencilla y los hispanohablantes lo tenemos fácil porque se utiliza de la misma manera que en español.

- *I drink water* → *(Yo) bebo agua*

Esta forma verbal (*Present Simple*) generalmente se refiere a:

1) Verdades Universales

    - *The day **lasts** 24 hours*
      El día dura 24 horas

2) Hábitos o costumbres

    - *I **eat** bread everyday*
      Como pan cada día

3) Gustos o estados

    - *I **like** horror movies*
      Me gustan las películas de terror

Para formar este tiempo verbal sólo tienes que usar esta estructura:

Sujeto + Verbo + (Complemento)

- *I read books*
- *You read books*
- *He/She read**S** books*
- *We read books*
- *You read books*
- *They read books*

Como ves, la única forma verbal que se diferencia de las demás es la tercera persona del singular, '*He/She*' en la que se le añade una "-s" al final del verbo. Al pronombre neutro '*it*' ("eso") también se le aplica la norma de la "-s" final:

- *It works* -Funciona

Aunque no todo es tan fácil.
Existen algunas excepciones a la hora de formar la tercera persona del singular.

Excepciones

1) Cuando el verbo acaba en -sh, -ch, -s, -x, -z, -o se le añade "–es."

- *To wash–He wash**es***
  Él limpia/lava

- *To catch–He catch**es***
  Él atrapa

- *To wax–She wax**es***
  Ella se depila

- *To do–She do**es***
  Ella hace

2) Cuando la palabra acaba en "y" tras consonante, se sustituye la "y" por una "i" y se le añade "-es".

- *To study–He stud**ies***
  Él estudia

Pero NO en:

- *To play–She play**s***
  Ella juega

- *To buy–She buy**s***
  Ella compra

...porque la **"y"** no va precedida de consonante, sino de vocal.

Antes de acabar, os recuerdo que:

1. El verbo *'to have'* (tener) es irregular en la tercera persona del singular *'He/she has'*

2. El verbo *'to be'* (ser/estar) es irregular en todas las personas.

El Presente Simple: Negación e Interrogación

Hemos visto cómo se forma el Presente Simple, en su forma más simple (valga la redundancia).

Ahora vamos a repasar cómo se forman las frases negativas e interrogativas en Presente Simple.

Para negar o preguntar hay que añadirle un verbo auxiliar a la frase. Utilizaremos el auxiliar '*do*'.

- ✦ ***You don't drink beer***
  (Tú) no bebes cerveza.

- ✦ ***Does she drink beer?***
  ¿Bebe (ella) cerveza?

1. Para formar la NEGACIÓN

Si quieres negar algo en Presente Simple deberás añadir verbo auxiliar '*do*' más '*not*' después del sujeto y antes del verbo.

- ✦ ***You do not play football (You don't play football)***
  Tú no juegas al fútbol

*El verbo deberá ir en infinitivo.

Así se forma:

Sujeto + don't/doesn't + Verbo (Infinitivo) + (Complemento)

- ✦ *I don't eat apples—* (Yo) no como manzanas
- ✦ *You don't eat apples*
- ✦ *He/She **DOESN'T** eat apples*
- ✦ *We don't eat apples*
- ✦ *You don't eat apples*

31

- *They don't eat apples*

*Fíjate que el único que cambia es la tercera persona del plural 'He/She' (se usa DOES + NOT= DOESN'T) igual que con 'it' (eso):

- **It doesn't work**–No funciona

2. Para formar la INTERROGACIÓN

En inglés, como he explicado anteriormente pero lo vuelvo a repetir, para saber que una frase va a ser una pregunta desde el principio, debemos fijarnos en el orden de las palabras, ya que, a diferencia del español, el símbolo de interrogación ('?') solo se utiliza al final.

- **Does he play guitar?**
  ¿Toca (él) la guitarra?

Con pronombres interrogativos *(Wh-words)* esta será la estructura:

(Wh-word) + Auxiliar (do/does) + Sujeto + Verbo (Infinitivo) + (Complemento)?

- *What do I like?*—¿Qué me gusta?
- *What do you like?*—¿Qué te gusta?
- *What DOES he like?*—¿Qué le gusta?
- *What DOES she like?*—¿Qué le gusta?
- *What do we like?*—¿Qué nos gusta?
- *What do you like?*—¿Qué os gusta?
- *What do they like?*—¿Qué les gusta?

Recuerda una cosa importante: cuando contestas a una pregunta en inglés es de mala educación decir 'yes' o 'no' a secas.

Para responder preguntas que empiezan por el verbo auxiliar 'to do', tenemos que utilizar 'short answers' (respuestas cortas).

Estas respuestas cortas se forman diciendo 'sí' o 'no' seguido del sujeto y la forma correcta del auxiliar 'to do':

- ✓ **Do you watch TV?** – ¿Miras la tele?
- ✓ *Yes,* **I do.** – Sí.
- ✓ *No,* **I don't.** – No.

El Pasado Simple (Past Simple)

Para hablar de acciones que se completaron en algún punto del pasado utilizamos el Pasado Simple.

Hay dos maneras de expresar el pasado, con verbos regulares o irregulares.

Cómo se forma

En el Pasado Simple no se hará distinción con la tercera persona del singular ('he', 'she' y 'it') como hacemos con el Presente Simple.

A todas las formas personales les corresponderá la misma forma del pasado:

- *I ATE an apple*
  Comí una manzana

- *She ATE an apple*
  (Ella) comió una manzana

- *They ATE an apple*
  (Ellos) comieron una manzana

Negación e Interrogación del Pasado Simple

Esta parte os va a resultar muy fácil, ya que las reglas para formar negación e interrogación en pasado son muy similares a las que explico en el capítulo del *Present Simple*.

Afirmación:

- *I went to the cinema* – Fuí al cine

Negación:

- *She didn't go to the concert* – (Ella) No fué al concierto

Interrogación:

- *Did you go to that restaurant?* - ¿Fuiste a ese restaurante?

Cómo se forma

Para formar tanto la negación como la interrogación del Pasado Simple también utilizamos el verbo auxiliar '*do*' y el verbo deberá ir en infinitivo, como ocurría con el Presente Simple.

Esta vez, tendremos que utilizar la forma en pasado del auxiliar ('*did*'), la cual, al estar en pasado, no distinguirá entre diferentes formas personales.

Vamos a ver cómo funciona:

Negación

Sujeto + did not (didn't) + Verbo (Infinitivo) + (Complemento)

SUJETO	NEGACIÓN	CONTRACCIÓN	COMPLEMENTO
I	did not	didn't eat (*no comí*)	pizza (*pizza*)
You	did not	didn't eat (*no comiste*)	
He/She/It	did not	didn't eat (*no comió*)	
We	did not	didn't eat (*no comimos*)	
You	did not	didn't eat (*no comisteis*)	
They	did not	didn't eat (*no comieron*)	

Interrogación

(Wh-word) + Auxiliar (did) + Sujeto + Verbo (Infinitivo) + (Complemento)?

✦ When did you call me?

¿Cuándo me llamaste?

Truco

Hay un truco para acordarse del orden de las palabras en la preguntas tanto en presente como en pasado simple. Solo hay que acordarse de la palabra **QASI** (casi).

Q	A	S	I
Question Word	Auxiliary verb	Subject	Infinitive
Where	do	you	live?

¿Dónde vives?

Q	A	S	I
Question Word	Auxiliary verb	Subject	Infinitive
When	did	she	leave?

¿Cuándo se fué?

Para responder preguntas que no lleven pronombre interrogativo, es decir, aquellas que empiezan por el verbo auxiliar 'did', tenemos que utilizar respuestas cortas.

- ✓ *Did you talk to him?* - ¿Hablaste con él?
- ✓ *Yes, I did.* – Sí.
- ✓ *No, I didn't.* – No.

Otro truco mnemotécnico

Se puede usar un truco similar al anterior para acordarse del orden de las palabras en este tipo de preguntas.

Esta vez hay que acordarse de la palabra **ASI**.

A	S	I
Auxiliary verb	Subjec	Infinitive
Did	they	know?

¿Lo sabían?

A	S	I
Auxiliary verb	Subjec	Infinitive
Do	you	work?

¿Trabajas?

El Presente Continuo (Present Continuous)

Una vez ya hemos visto las formas del Presente Simple, ahora vamos a repasar (o a aprender) la forma verbal del Presente Continuo (o Progresivo).

El *Present Continuous* generalmente se refiere a acciones que están en progreso, o sea, que están ocurriendo en el momento justo en el que estamos hablando.

Pero mira todos los usos del Presente Continuo:

1) **Situaciones temporales:**
   - *Manuel is studying English*
     Manuel está estudiando inglés

2) **Pueden estar pasando en ese mismo instante:**
   - *I am talking to Javier*
     Estoy hablando con Javier

3) **Acciones que se repiten:**
   - *They are always helping each other*
     Siempre se están ayudando el uno al otro

Cómo se forma

Sujeto + To Be + (Verbo)-ing

WE + ARE + READING

---

1. Primero: el sujeto: *WE* (Nosotros)
2. Segundo: la forma presente del verbo 'to be': *ARE* (estamos)
3. Tercero: el verbo en GERUNDIO (Verbo + "-ing"): *READING* (leyendo)

*También podemos usar la forma contraída del verbo 'to be':

✦ **He's drinking a glass of wine**
(Él) está bebiendo una copa de vino

✦ **They're playing**
Están jugando

Negación e Interrogación

1. Para crear la forma negativa del Presente Continuo sólo se debe insertar la partícula *'not'* entre el verbo *'to be'* y el verbo en gerundio:

    ✦ **He is NOT jumping**
    No está saltando

2. Para crear la forma interrogativa, tal como en el verbo *'to be'*, se invertirá el orden de la frase y se pondrá primero el verbo *'to be'* y luego el sujeto:

    ✦ **You are reading**
    Estás leyendo

    ✦ **Are you reading?**
    ¿Estás leyendo?

Presente Simple vs Presente Continuo

Ya sabemos cómo se utilizan el Presente Simple y el Presente Continuo. Ahora vamos a compararlos para no confundirlos.

Diferencias:

1. Estos dos tipos de presente sirven para diferenciar entre una acción que se realiza con frecuencia (Presente Simple) y una que se realiza temporalmente (Presente Continuo).

    + *Ben usually drinks water* (P. Simple), *but today he's drinking beer* (P. Continuo)
      Ben generalmente bebe agua pero hoy está bebiendo cerveza

2. Otra diferencia es que utilizamos el Presente Simple para cosas que se hacen con frecuencia (o no se hacen: *'never'*) y el Presente Continuo para lo que se está haciendo ahora.

    + *Ben is having dinner at home, he never goes to restaurants*
      Ben está cenando en casa, (él) nunca va a restaurantes

Vamos a ver un poquito más claro cómo funcionan:

1) **Presente Simple**
    + *Jack always takes his dog for a walk*
      Jack siempre saca a su perro a pasear

2) **Presente Continuo**
    + *Peter is not listening to you*
      Peter no te está escuchando (ahora mismo)

EL PRESENTE (SIMPLE Y CONTINUO) PARA REFERIRSE AL FUTURO

El uso de tiempos verbales en inglés para referirnos al futuro puede ser un poco confuso.

Siempre están los archiconocidos *'will'* y *'going to'* (que veremos más adelante), pero también tenemos la posibilidad de utilizar las formas del presente del verbo (Simple y Continuo) para hablar de algo que pasará en un futuro.

Presente Simple

El Presente Simple se puede usar, como en español, para referirnos a una acción que se realizará en el futuro.

Por ejemplo, cuando decimos que un evento ocurrirá tal día a tal hora del futuro:

- ✦ ***The film starts at 9pm tomorrow evening***
  La película empieza a las nueve mañana por la noche

Por tanto se puede utilizar cuando nos referimos, por ejemplo, a horarios.

Al ser acciones que son periódicas, es decir, que se repiten en el tiempo, el presente simple nos sirve para referirnos a ellas tanto en inglés como en español.

- ✦ ***My train leaves at 5am next Thursday***
  Mi tren sale a las 5 de la mañana el próximo jueves

Presente Continuo

El Presente Continuo se utiliza para el futuro cuando hablamos de actividades que ya están planeadas.
Si ya tienes algo previsto que vas a realizar en un momento determinado puedes utilizar esta forma verbal.

Por ejemplo, has quedado con tu amigo Joseph para ir al bar a ver el 'clásico' Barça-Madrid el sábado.

- ✦ ***I am meeting Joseph on Saturday to watch the football match. I think Barça will win***
  He quedado con Joseph el sábado para ver el partido de fútbol. Creo que el Barça ganará.

En la segunda frase se utiliza '*will*' porque es la forma de futuro de probabilidad y se utiliza para predicciones más subjetivas, mientras que las formadas con '*going to*' son más objetivas.

¿Es subjetivo u objetivo pensar qué el Barcelona ganará al Madrid...? Ahí ya no entro que me voy del tema....

Sigamos con lo nuestro:

Si el médico te ha dado hora para la semana que viene porque te has roto el brazo (que la Seguridad Social está muy mal y hasta que no te mueres no te atienden) podrías decir:

- ✦ **I'm seeing the doctor next Monday**
  Voy a ver al médico el lunes que viene

Si has conseguido ahorrar unos eurillos para irte de vacaciones a desconectar del mundanal ruido y te has reservado un pasaje para irte a Menorca el dia 23 de agosto (buen día porque son las fiestas de Sant Bartomeu en Ferreríes), puedes expresarlo así:

- ✦ **I'm going to Menorca on the 23rd of August. I've already booked the flight and the hotel**
  Voy a Menorca el 23 de agosto. Ya he reservado el vuelo y el hotel

Entonces, vamos a recapitular:

El Presente Simple se utiliza con acciones que se repiten en el tiempo y el Presente Continuo se utiliza cuando ya has hecho el plan: has quedado con un colega, has reservado un vuelo a Punta Cana, has comprado las entradas para ver 'Los Miserables' o el médico te ha dado hora.

¿Queda clarito o te lo repito?

Vamos a ver un par de ejemplos más, por si las moscas...

- ✦ **I'm having dinner with the King of Spain next Thursday. He asked me for a date.**
  Voy a cenar con el Rey de España el jueves que viene. Me pidió una cita.

- ✦ **I'm travelling to Punta Canta in February. I've already made a reservation.**
  Viajo a Punta Cana en febrero. Ya he hecho la reserva

El Pasado Continuo (Past Continuous)

Vamos a analizar brevemente las peculiaridades del tiempo verbal Pasado Continuo *(Past Continuous/progressive)*.

Qué es el *Past Continuous*

El Pasado Continuo es un tiempo verbal que se refiere a una acción del pasado que estaba en desarrollo (inacabada).

- **Estaban cantando** -*They were singing*

Cómo se usa

Se utiliza cuando queremos especificar algo que estaba ocurriendo en un momento determinado del pasado.

Una frase en Pasado Continuo se puede combinar con otra frase en Pasado Continuo, lo que indica que ambas acciones estaban ocurriendo en el mismo momento (acciones paralelas).

Acciones paralelas

PASADO — **PRESENTE** — **FUTURO**

Por ejemplo, en español diríamos: *"Mientras yo estaba viendo la tele, mi hermana estaba cocinando"*.

"Yo estaba viendo la tele" y *"ella estaba cocinando"* son dos acciones que pasan al mismo tiempo en el pasado, por lo tanto las formaremos en Pasado Continuo.

Pues en inglés sería lo mismo:

✦ *While I **was watching** TV, my sister **was cooking***

*RECUERDA : While=Mientras

Cómo se forma

| Sujeto + Pasado del verbo 'to be'+ Gerundio (Verbo + "-ing") |

SUJETO	PASADO 'to be'	GERUNDIO
I	was (era/estaba)	reading (leyendo)
You	were (eras/estabas)	
He She It	was (era/estaba)	
We You They	were (éramos/estábamos) (erais/estabais) (eran/estaban)	

Negación e interrogación

Forma negativa

Para crear la forma negativa del Pasado Continuo sólo se debe insertar la partícula *'not'* entre el verbo *'to be'* en pasado y el verbo en gerundio:

✦ ***He was NOT playing***
No estaba jugando

Contracción: ***He wasn't playing***

Forma interrogativa

Para crear la forma interrogativa se invertirá el orden de las palabras y se pondrá primero el verbo *'to be'* y luego el sujeto:

✦ ***You were reading***
Estabas leyendo
✦ ***Were you reading?***
¿Estabas leyendo?

Diferencia entre el Pasado Simple y el Pasado Continuo

Resulta básico el hecho de saber distinguir las formas y los usos de estos dos tiempos verbales.

Os recomiendo que antes refresquéis la memoria echándo un vistazo a los capítulos anteriores.

Ahora tendréis claro que básicamente, el Pasado Simple hace referencia a una acción que tuvo lugar en un momento concreto del pasado mientras que el Pasado Continuo se usa para describir acciones que se estaban desarrollando en el pasado.

La cuestión es que, como ambos tiempos se usan para referirnos a un tiempo pasado, al mezclarlos en la oración podemos liarnos un poco.

Veamos algunos truquillos para distinguirlos:

Usamos el Pasado Simple

1. Si en la oración aparece el adverbio *"ago"*

    + ***She arrived ten minutes ago***
    Ella llegó hace diez minutos

2. Si se enumeran acciones consecutivas

    + ***She got home and went to bed***
    Ella llegó a casa y se fue a la cama

3. Si aparece un *WHEN* (aunque ¡OJO! Este truco no es 100% fiable)

    + ***I was sleeping when the phone rang***
    Yo estaba durmiendo cuando sonó el teléfono

pero también...

   + ***We were walking when it started to rain***
    Nosotros estábamos caminando cuando empezó a llover

¡Pero mucho ojo! A veces es necesario traducir un poco para salir de dudas y darnos cuenta si se refiere a una acción puntual o a una en desarrollo.

✦ ***Peter broke his leg when he was playing football***
   Peter se rompió la pierna cuando estaba jugando al fútbol

√ La acción puntual – romperse una pierna – está en Pasado Simple.
√ La acción en desarrollo – jugar al fútbol – está en Continuo (a pesar de que le precede un *when*).

Por eso, si no queréis pecar de listillos, debéis pensar si se trata de una acción en desarrollo o no, antes de apresuraros a seguir a rajatabla este truquillo que os he dado, ¿ok?

Usamos el Pasado Continuo si...

1. Se refiere a acciones simultáneas en el pasado.

   ✦ ***I was studying and my brother was watching TV***
      Yo estaba estudiando y mi hermano estaba viendo la tele

2. Está describiendo el entorno

   ✦ ***It was a cold day. It was raining and the people were walking quickly***
      Era un día frío. Llovía y la gente caminaba rápidamente

3. Si aparece un *WHILE* suele ir acompañado de Pasado Continuo.

   ✦ ***While I was having a shower, the phone rang***
      Mientras estaba duchándome, el teléfono sonó

   ✦ ***The lights went off while I was having dinner***
      La luz se marchó mientras estaba cenando

¡Pero cuidado!

Existe una extraña teoría, muy extendida entre muchos estudiantes, en donde a la hora de hacer ejercicios del tipo *fill in the gaps* (rellenar huecos con el tiempo correcto), se emplea la técnica de la probabilidad.

A muchos os resultará familiar, pero para aquellos que no la conozcáis, os la explico...si nosotros nos agarramos al truco del *when* y el *while* y vamos rellenando sin pensar, es decir, siguiendo el truco de: *when+Past Simple* y *while+Past Continuous*, puede que acertemos en la mayoría de las ocasiones.

El problema viene con aquellos huecos que no tienen ninguna pista a la que me pueda agarrar.

> **Fijaos en estos ejemplos y me entenderéis mejor:**

> ***My mum _____ (cut) her finger while she _____ (cook)***

Yo entiendo que al tener ese *while* podemos ir directamente a poner el verbo en forma continua *"she was cooking"*.
Pero, ¿qué pasa con la parte de la oración en donde no tenemos pista?

> **Hacedme caso:**

1. No debéis usar la "lógica aplastante" de "si yo sé que en uno de los huecos va un tiempo determinado, en el otro seguro que va el tiempo opuesto". Craso error. Recordemos que se puede tratar de acciones simultáneas o de acciones consecutivas, por lo tanto corremos el riesgo de hacer mal el ejercicio.

2. Usemos el sentido común y probemos a traducir al español. Hay verbos que por su propio significado implican un tiempo continuo, por ejemplo: *watch TV* (ver la tele), *wear* (llevar puesto), *sleep* (dormir).
   Con esto tampoco quiero decir que siempre indiquen una acción progresiva.

Por eso es tan importante nuestro plan B (la traducción):
En nuestro ejemplo anterior ya teníamos resuelta la segunda parte "mientras ella estaba cocinando..." y ahora, nos planteamos rellenar el primer hueco: "¿Simple o Continuo?"

Entonces usamos nuestra lógica y traducimos: "¿se cortó o se estaba cortando el dedo?" Obviamente será lo primero.

Se trata de una acción puntual que interrumpe una acción en desarrollo. Y además, al traducir, nos vendrá a la mente la imagen dantesca de una persona que *(OMG!!)* ¡mientras está cocinando se está cortando el dedo!
Un pelín desagradable... ;p

El Presente Perfecto: Introducción

El *Present Perfect* en inglés nos sirve para hablar de acciones del pasado que tienen alguna relación con el presente.

Por ejemplo:

- ***She has found a dog***
  (Ella) Ha encontrado un perro

- ***We have known each other for years***
  Nos conocemos desde hace años

Hasta ahí ningún problema, ¿no?

La estructura se parece mucho a la española, pero vamos a verlo con más detalle para no liarla...

Cómo se utiliza

Cuando hablamos de una acción que tuvo lugar en el pasado, pero no especificamos cuándo sucedió, utilizamos el Presente Perfecto.

Podemos decir que, al no especificar el momento, estamos situando esa acción en el transcurso de nuestras vidas, es decir, en algún punto desde que nacimos hasta ahora.

Aquí tenemos la relación con el presente de este uso del Presente Perfecto.

- ***She has been to Mallorca***
  (Ella) Ha estado en Mallorca – ¿Cuándo?

- ***They have studied Philology***
  Han estudiado Filología– En algún punto de sus vidas

Hay acciones del pasado cuya relación con el presente es clara, un ejemplo son aquellas que empezaron en el pasado y siguen sucediendo en el presente.

- ***They have lived here since 1977***
  Han vivido aquí desde 1977– Y siguen viviendo aquí

- ***I have worked here for 3 years***
  He trabajado aquí durante 3 años – Y aún trabajo aquí

Otro ejemplo es cuando lo que ha pasado en el pasado tiene un efecto directo en nuestra situación actual.

✦ **I have lost my keys.**
   He perdido mis llaves – ¿Cómo entro ahora en casa?

✦ **I have studied a lot.**
   He estudiado mucho – Voy a aprobar el examen de hoy

Cómo se forma

Para formar el Presente Perfecto tendremos que utilizar la forma correcta del presente del verbo auxiliar *'to have'*, *'have'* o *'has'*, seguida del participio del verbo deseado.

Vamos a ver cómo funciona:

AFIRMACIÓN

Sujeto + have/has + Verbo (Participio) + (Complemento)

SUJETO	AUXILIAR	CONTRACCIÓN	PARTICIPIO	COMPLEMENTO
I	have	I've (He)		
You		You've (Has)		
He	has	He's (Ha)		
She		She's (Ha)	eaten (comido)	pizza
It		It's (Ha)		
We	have	We've (Hemos)		
You		You've (Habéis)		
They		They've (Han)		

Como pasaba con el Pasado Simple, la manera de formar el participio depende de si utilizamos un verbo regular o irregular.

Los participios regulares se forman exactamente como se forma el Pasado Simple, añadiendo '-ed'.

Si el verbo es irregular, habrá que recurrir a la lista de verbos irregulares –la encontrarás en el apéndice del libro-(donde se especifica el participio de cada verbo).

EL PRESENTE PERFECTO: NEGACIÓN E INTERROGACIÓN

Ya hemos visto como se forma el *Present Perfect*, ahora nos vamos a centrar en la formación de la negación e interrogación.
Empecemos viendo un par de ejemplos:

- *The TV hasn't worked since yesterday*
  La TV no funciona desde ayer

- *How long have you worked here?*
  ¿Cuánto hace que trabajas aquí?

Fíjate que en que la traducción al español del Presente Perfecto no siempre coincide con nuestro equivalente, por eso es muy importante comprender en qué situaciones se utiliza, en lugar de interpretarlo a partir de traducciones.

Cómo se forma

1) Negación

Como en cualquier otro tipo de negación, al Presente Perfecto también se le añade '*not*' al auxiliar.
También se puede contraer añadiendo '*n't*' a la forma del auxiliar correspondiente.

- *He hasn't bought the fruit*
  (Él) No ha comprado la fruta

- *You haven't come to class*
  No has venido a clase

Vamos a verlo más esquematizado:

Sujeto + haven't/hasn't + Verbo (Participio) + (Complemento)

SUJETO	AUXILIAR	CONTRACCIÓN	PARTICIPIO	COMPLE-MENTO
I	have not	I haven't (*No he*)	drunk (*bebido*)	wine (*vino*)
You		You haven't (*No has*)		
He	has not	He hasn't (*No ha*)		
She		She hasn't (*No ha*)		
It		It hasn't (*No ha*)		
We	have not	We haven't (*No hemos*)		
You		You haven't (*No habéis*)		
They		They haven't (*No han*)		

2) Interrogación

Para formar la negación aplicaremos una regla que ya domináis: tenemos que invertir el orden del sujeto y el auxiliar.

(Wh-word) + have has + Sujeto + Verbo (Participio) + (Complemento) ?

WH-WORD	AUX	SUJETO	VERBO (PARTICIPIO)	
Why (*¿Por qué*)	have	I	left	*me he ido?*
		you		*te has ido?*
	has	he/she/it		*se ha ido?*
	have	we		*nos hemos ido?*
		you		*os habéis ido?*
		they		*se han ido?*

Ten en cuenta que, para ser educados al contestar preguntas que empiezan por el auxiliar (preguntas que se pueden responder simplemente con 'sí' o 'no'), hay que utilizar respuestas cortas:

+ ***Have you eaten yet?*** – ¿Has comido ya?
    - ✓ ***Yes, I have*** – Sí
    - ✓ ***No, I haven't*** – No

El Presente Perfecto: *Just, Already, Yet, For* y *Since*

Hay ciertos adverbios y ciertas preposiciones que tienden a colarse muy a menudo en oraciones donde la forma verbal es el presente perfecto.

- ✦ *I've just finished this exercise*
  Acabo de terminar este ejercicio
- ✦ *She has played the violin for ten years*
  Lleva tocando el violin diez años
- ✦ *They have already found a place*
  Ya han encontrado un sitio

JUST

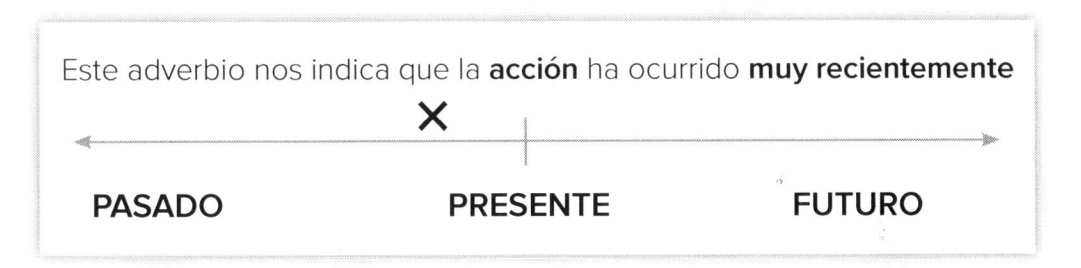

> Este adverbio nos indica que la **acción** ha ocurrido **muy recientemente**
>
> ◄──────────── ✗ ────┼────────────►
>
> **PASADO**　　　　**PRESENTE**　　　　**FUTURO**

Recientemente puede significar hace solo unos momentos o en un pasado muy reciente.

- ✦ *Jane has just made a cake. Would you like some?*
  Jane acaba de hacer un pastel. ¿Quieres un poco?
  ✓ Hace solo un momento que lo ha preparado.

- ✦ *We've just bought a new house*
  Nos hemos comprado una casa nueva
  ✓ Muy recientemente, pero no necesariamente ese mismo día

'*Just*' siempre va entre el auxiliar y el participio:

> **Sujeto + have/has + just + Verbo (Participio) + (Complemento)**

> **I've just...**   JUST = acaba de...
>
> - Where's George?   'He's **just woken** up.   ¿Dónde está George? -Se acaba de despertar
> - Are you hungry?   'No, I've **just had** dinner.   ¿Tienes hambre? -No, acabo de cenar.
> - Is Frank here?   'No, he's **just gone** out.   ¿Esta Frank aqui? -No, acaba de salir

ALREADY / YET

Para remarcar si una acción ha sido realizada o no utilizamos los adverbios *'already'* y *'yet'*.

Already

'Already' aparece en oraciones afirmativas e indica que ya se ha realizado la acción.

✦ ***I have already written the article***
   Ya he escrito el artículo

Como puedes ver en los ejemplos, *'already'* siempre va entre el auxiliar y el participio:

Sujeto + have/has + already + Verbo (Participio) + (Complemento)

> **I've already...**   ALREADY = ya
>
> - *'What time does the film start?' 'It has already started.'*
> **¿A qué hora empieza la película? - Ya ha empezado**
> - *'What time is Sarah coming? 'She's already arrived.'*
> **¿A qué hora viene Sarah? - Ya ha llegado**
> - *'Peter, this is Susan.' 'Yes, I know. We've already met.'*
> **Peter, esta es Susan -Si, lo sé. Ya nos conocemos**

Yet

'*Yet*' se utiliza en interrogaciones, para preguntar si la acción se ha llevado a cabo o no, y en negaciones para decir que la acción aún no ha ocurrido.

- *Have you read it yet?*
  ¿Ya lo has leído?

- *No, I haven't read it yet*
  No, aún/todavía no lo he leído

Sin embargo, '*yet*' siempre va al final de la oración, ya sea negativa o interrogativa:

- **Negativa:**

> **Sujeto + haven't/hasn't + Verbo (Participio) + (Complemento) + yet**

I haven't… yet   YET = todavía (negativas)

O *'Is Victor here?' 'No, he hasn't arrived yet.'*
¿Está Victor aquí? No, todavía no ha llegado.
O *'What's this book about?' 'I don't know. I haven't read it yet.*
¿De qué va este libro? No lo sé, todavía no lo he leído

- **Interrogativa**

> **Have/Has + Sujeto + Verbo (Participio) + (Complemento) + yet ?**

Have you… yet   YET = Aún/todavía (preguntas)

O *'Have sam and Carol arrived yet? 'No, not yet.'*
¿Ya han llegado Sam y Carol? No, todavía no.
O *'Has Dave started his new job yet? 'No, he starts in August.'*
¿Dave ya ha empezado su nuevo trabajo? No, empieza en agosto.

FOR / SINCE

Utilizamos una expresión con las preposiciones *'for'* o *'since'* para indicar cuánto tiempo lleva realizándose una acción.

Para expresar la duración de una actividad podemos decir la cantidad de tiempo que se lleva haciendo.

Entonces utilizaremos dicha cantidad detrás de la preposición *'for'*.

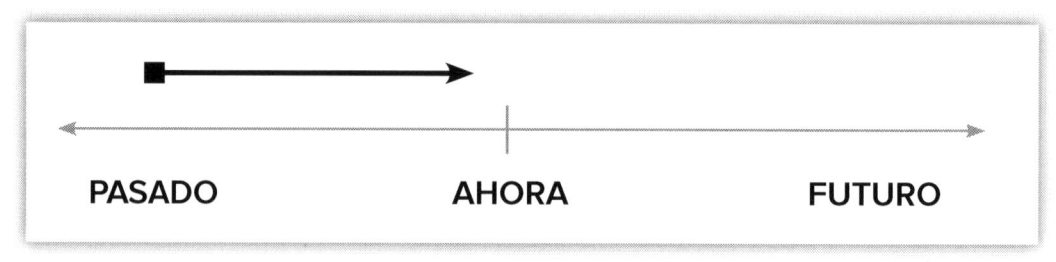

```
        ■────────────▶
◀─────────────┼─────────────▶
  PASADO         AHORA         FUTURO
```

✦ ***I haven't been to that restaurant FOR six months***
No he estado en ese restaurante en seis meses

También podemos señalar el momento concreto en que empezó dicha acción.

En este caso tendremos alguna expresión de tiempo justo detrás de la preposición *'since'*.

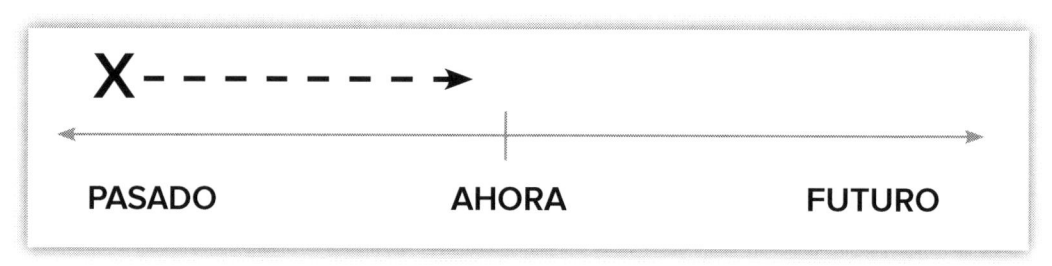

```
  X─ ─ ─ ─ ─ ─▶
◀─────────────┼─────────────▶
  PASADO         AHORA         FUTURO
```

✦ ***They haven't had holidays since last summer***
No han tenido vacaciones desde el verano pasado

✦ ***Maya has lived in the USA since 2001***
Maya ha vivido en los Estados Unidos desde el 2001

Have you ever...? ¿Alguna vez has..?
Para formular preguntas con el Presente Perfecto se puede utilizar la estructura *HAVE* + Sujeto + *EVER*.

Mira los ejemplos:

Have you ever...

1. *dyed your hair?*
2. *baked a cake?*
3. *slept naked?*
4. *been to Menorca?*
5. *played tennis?*
6. *lied about your age?*

Posibles respuestas correctas serían:

Yes, ...

- *I have!*
- *I've been **to** Mercadal (once, twice, etc.).*
- *I've been there (once, twice, etc.).*

No, ...

- *I haven't!*
- *I haven't been **to** Boston.*
- *I haven't been there.*
- *I've **never** been **to** Madrid.*
- *I've **never** been there.*

Fíjate que el adverbio 'never' siempre se coloca entre el verbo auxiliar 'have' y el verbo léxico (el que aporta el sentido a la frase).

El Pasado Perfecto (Past Perfect)

Una vez ya tenemos claro qué es y cómo se usa el *Present Perfect*, vamos a centrarnos en el Pasado Perfecto y la diferencia entre éste y el Pasado Simple.

Parece un lío, pero en realidad ya veréis que es una *"piece of cake"*.

El Pasado Perfecto equivale, en español, al Pretérito Pluscuamperfecto (había comido) o al Pretérito Anterior (hube comido).

Cómo se forma

Lo vemos aquí para tener una idea rápida y clara de su estructura:

Forma afirmativa:

Sujeto + HAD + PARTICIPIO DE PASADO
She   had   eaten

Forma negativa:

Sujeto + HADN'T + PARTICIPIO DE PASADO
She   hadn't   eaten

Forma interrogativa:

HAD + Sujeto + PARTICIPIO DE PASADO + ?
Had   she   eaten ?

Expresiones de tiempo que lo acompañan

Just, never, already, for, since y yet

✦ ***She had never eaten sushi.***
Ella nunca había comido sushi.

Cómo se usa

Este tiempo se usa para hablar de una acción pasada finalizada.

Si después de leer esto os sentís como que estás viviendo un momento *déjà vu,* y que esto también os suena de algo...Pues os diré por qué...

El Pasado Simple también hacía referencia a una acción pasada y finalizada.

¿Dos tiempos iguales? Pues sí...pero, no. Vayamos por partes...

Hagamos esto un poco más dinámico, os propongo un ejercicio de buscar las diferencias.

Past Perfect vs Past Simple

Efectivamente, el Pasado Perfecto al igual que el Pasado Simple se emplea para referirnos a acciones que tuvieron lugar en el pasado.

Aquí os muestro dos ejemplos para que vosotros mismos averigüéis en qué se diferencian:

+ ***After she had finished her sandwich, she brushed her teeth.***
  Después de que ella se hubiera comido el sandwich, se cepilló los dientes

+ ***They had been friends for a long time before they got married.***
  Ellos habían sido amigos durante mucho tiempo antes de casarse

Os acordáis del famoso "¿Qué fue primero, el huevo o la gallina?"

Aquí el dilema no es tan profundo pero, van por ahí los tiros...
1) Fijaos en la primera frase.
2) Ahora en la segunda.

¿Tienen algo en común? En ambas hay dos acciones en pasado.
3) ¿Son simultáneas las acciones? No...
4) ¿Cuál ocurre en primer lugar?

-En la primera, ella se comió el sandwich y después se cepilló los dientes. (Lo raro sería hacerlo al revés, ¿no?)

-En la segunda, ellos fueron amigos y después se casaron. (Os digo lo mismo, lo raro sería que hubiese sido a la inversa... ¡aunque nunca se sabe!)

5) ¿En qué tiempo está la acción que ocurre en primer lugar? En *Past Perfect*.

6) ¿Y la que ocurre después? En *Past Simple*.

Voilá!! Pues ya tenéis la clave que explica las diferencias entre el Pasado Simple y el Pasado Perfecto.

Aunque ambos tiempos hacen referencia a una acción pasada, existe un orden cronológico entre ambas.

El Pasado Perfecto se refiere a una acción anterior a otra en el pasado.

Si fuésemos a representarlos en una línea temporal tendríamos esto:

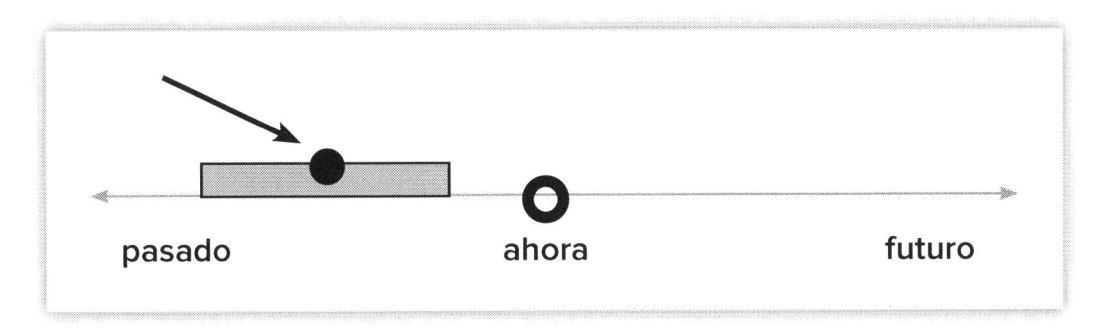

Además de las partículas que acompañan al *Present Perfect*, también suelen llevar expresiones temporales como: *after* (después), *as soon as* (tan pronto como), y *until* (hasta).

✦ ***As soon as I had got home, the telephone rang.***
Tan pronto como llegué a casa—>Acababa de llegar a casa cuando sonó el teléfono

✦ ***The children didn't go out, until they hadn't finished their homework.***
Los niños no salieron hasta que no hubieron terminado los deberes

**En este tipo de oraciones en donde se usan el Pasado Simple y el Perfecto, es frecuente encontrarnos expresiones temporales del tipo *after*, *before*, *by the time* y *when*, que nos indican el orden en el que suceden los acontecimientos.

✦ ***By the time he came home, his parents had already gone to bed.***
Para cuando llegó a casa, sus padres ya se habían ido a la cama

EL PRESENTE PERFECTO CONTINUO

Vamos a ver el **Present Perfect Continuous**:

Cuándo se utiliza

1) Para hablar de acciones que empezaron en el pasado pero que continúan en el presente

   ✦ **George has been living in London for twenty years**
   George ha estado viviendo en Londres durante veinte años

2) O de acciones que empezaron en el pasado y puede que hayan finalizado o no:

   ✦ **John has been dancing all night**
   John ha estado bailando toda la noche—(puede seguir bailando en este momento o no)

   ✦ **She has been waiting for you all day**
   Ella te ha estado esperando todo el día (y todavía te está esperando ahora...o no)

   ✦ **Samuel has been travelling since last August**
   Samuel ha estado viajando desde el agosto pasado (¿ya ha regresado? No lo sabemos)

3) Y también de acciones pasadas que justo han finalizado y estamos interesados en el resultado:

   ✦ **Have you been drinking?**
   ¿Has estado bebiendo?

   ✦ **She has been cooking since last night**
   (Ella) ha estado cocinando toda la noche (la comida tiene una pinta...).

   ✦ **It has been raining**
   Ha estado lloviendo (...y las calles están mojadas).

Cómo se forma

Se forma con:

1. El Presente Perfecto del verbo *'to be'* (*have/has been*), y
2. El Presente Participio (verbo acabado en -ing) del verbo principal.

Sujeto + have/has been + verbo (acabado en -ing)

✦ ***They have been dancing***
Ellos han estado bailando

En la forma afirmativa, negativa e interrogativa:

Afirmativo	
She has been / She's been	dancing
Negativo	
She hasn't been	dancing
Interrogativo	
Has she been	dancing?
Interrogativo negativo	
Hasn't she been	dancing?

Ejemplo con '*eat*' (comer)

Affirmativo	Negativo	Interrogativo
I have been eating	I haven't been eating	Have I been eating?
You have been eating	You haven't been eating	Have you been eating?
He, she, it has been eating	He hasn't been eating	Has she been eating?
We have been eating	We haven't been eating	Have we been eating?
You have been eating	You haven't been eating	Have you been eating?
They have been eating	They haven't been eating	Have they been eating?

EL FUTURO CON *"GOING TO"*

La forma de futuro que vamos a ver ahora te recordará al Presente Continuo en su construcción....

No te preocupes, son muchas palabrejas, pero al final ¡lo entenderás perfectamente!

A ver, si por ejemplo en Presente Continuo dices:

+ ***I'm going to cook***
  Voy a cocinar

Estás indicando algo que harás en un futuro (próximo o no...eso ahora no nos importa).

Y si dices:

+ ***We're going to buy tickets***

Estás diciendo: "Vamos a comprar los tickets" (boletos, entradas,...como lo llames).

Que no significa que los estés comprando en este mismo momento, sino que los comprarás más adelante, ¿no?

Entonces *"going to"* es una forma de Presente Continuo que se utiliza para hablar del futuro, *isn't it?*

Cómo se utiliza

'Going to' se utiliza para:

1) Hablar de planes o intenciones para el futuro.

La diferencia con el Presente Continuo para Futuro es que usamos el Presente Continuo cuando el plan ya es fijo; *'going to'* se usa cuando el plan aún no está organizado ni hay ningún vínculo que nos fuerce a llevar a cabo esa acción:

+ ***I'm going to see him soon***
  Voy a verlo pronto

+ ***I'm seeing him tomorrow at four***
  Lo veo mañana a las cuatro

2) También utilizamos esta forma verbal para predecir que algo va a suceder porque estamos presenciando una situación que nos asegura que esto pueda pasar en breves instantes.

- ✦ **Look at that cat! It's going to fall off the tree**
  ¡Mira ese gato! Se va a caer del árbol

- ✦ **If he continues doing that he's going to break something**
  Si sigue haciendo eso va a romper algo

Ok, hasta ahí lo tenemos claro, pero...

¿Cómo se forma?

Como ya hemos comentado antes, esta forma verbal se crea de manera muy parecida al Presente Continuo.

Este tiempo verbal es muy fácil para nosotros, porque utilizamos una expresión muy parecida en español: *'going to...'* = 'voy/vas/va/vamos/vais/van a...'.

Sujeto + Presente del verbo 'to be' + going to + Infinitivo + (Complemento)

SUJETO	TO BE	GOING TO		INFINITIVO	COMPLEMENTO
I	am		Voy a		
You	are		Vas a		
He She It	is	going to	Va a	sleep (*dormir*)	early (*temprano*)
We You They	are		Vamos a		
			Vais a		
			Van a		

La negación

Ahora es fácil formar la negación. Solo tenemos que añadir *'not'* o *'n't'* (para la contracción) al auxiliar:

Sujeto + Presente del verbo 'to be' + not + going to + Infinitivo + (Complemento)

✦ ***You aren't going to finish that meal***
No te vas a acabar esa comida

✦ ***Angela isn't going to visit her aunt***
Angela no va a visitar a su tía

✦ ***We aren't going to have a starter***
No vamos a tomar entrante

¿Y la interrogación?

¡Pues ahora ya está chupado!
Para la interrogación seguimos un proceso que ya conocéis: invertimos el auxiliar y el sujeto.
Veamos algunos ejemplos de interrogaciones:

(Wh-word) + Presente del verbo 'to be' +Sujeto + going to + Infinitivo + (Complemento)

✦ ***Are you going to order some wine?***
¿Vas a pedir vino?

✦ ***Where is he going to live when he moves?***
¿Dónde va a vivir cuando se mude?

✦ ***Are they going to try that new restaurant?***
¿Van a probar ese restaurante nuevo?

El Futuro con "WILL"

Hemos visto cómo expresar el futuro con 'going to' otra forma de expresar el futuro es utilizando el verbo modal: 'will'.

Esta forma se utiliza en numerosas ocasiones, así que vamos a ver sus usos uno a uno.

Cómo se utiliza

1) 'Will' tiene un uso en común con 'going to'. Ambas formas se utilizan para predicciones de futuro.

La diferencia es que, como vimos en la lección anterior, 'going to' se usa para predecir un futuro cercano en relación con la situación en la que vivimos:

- ✦ ***They're going to win. They've scored 5 goals***
  Van a ganar, han marcado 5 goles

- ✦ ***He's going to be the next mayor. Everybody likes him***
  Va a ser el próximo alcalde. Le gusta a todo el mundo

Sin embargo, utilizamos 'will' cuando nuestra predicción no se basa en lo que está pasando, si no en nuestras creencias.

Podemos decir que estas predicciones son más subjetivas, mientras que las formadas con 'going to' son más objetivas.

- ✦ ***I will pass the exams* (contracción:** *I'll pass the exams****). I've studied a lot***
  Aprobaré los exámenes. He estudiado mucho

- ✦ ***She will* (Contracción:** *She'll****) do it. I know her***
  Lo hará, la conozco

2) Cuando te ofreces a hacer algo, también usas 'will'.

- ✦ ***Wait, I'll help you to carry the box.***
  Espera, te ayudo a cargar con la caja

- ✦ ***I'll wash the dishes***
  Yo friego los platos

3) Cuando decidimos hacer algo en el mismo momento en que estamos hablando también utilizamos el futuro formado con 'will'.

- **I'll call you tomorrow**
  Te llamo mañana

- **Look! The alarm clock is broken. I'll buy one later**
  ¡Mira! La alarma se ha roto. Compraré una más tarde

4) Las promesas también las expresamos con 'will'.

- **I'll be on time, I promise**
  Llegaré a tiempo, lo prometo

- **I won't tell anybody**
  No se lo contaré a nadie

Cómo se forma

'Will' es un verbo modal, y por tanto auxiliar, que va seguido de un infinitivo. Seguirá el proceso de inversión con el sujeto en su forma interrogativa.
En la versión negativa, se usa la contracción 'won't'.

Afirmación

Sujeto + will + Infinitivo + (Complemento)

- **I'll pay you back**
  Te lo devolveré (tu dinero)

- **We'll talk to her if you want**
  Hablaremos con ella si quieres

- **She'll be a good lawyer**
  Será una buena abogada

Negación

Sujeto + will not (=won't) + Infinitivo + (Complemento)

✦ *You won't call her. I know you*
   No la vas a llamar. Te conozco

✦ *I won't do it again*
   No lo volveré a hacer

✦ *She won't come*
   No vendrá

Interrogación

(Wh-word) + will/won't + Sujeto + Infinitivo + (Complemento)

✦ *Will you help me?*
   ¿Me ayudarás?

✦ *Why won't you do that for me?*
   ¿Por qué no harás eso por mí?

Recap

Este verbo modal se usa para formar el tiempo futuro o bien para hacer preguntas en las que pidamos información o queramos saber la opinión:

✦ *I **will learn** Spanish*
   Aprenderé español.
Contracción: *I'll learn Spanish*

✦ ***Will they find** a cure for the illness?*
   ¿**Van a encontrar** una cura para la enfermedad?

Formar frases con este verbo es muy simple, ya que solo debemos añadir el auxiliar "*will*" delante del verbo léxico (el que aporta el significado a la frase: *learn, come, eat,* etc.)

En las negativas, solo deberemos añadir la partícula de negación "*not*" entre el verbo auxiliar y el léxico o la contracción *won't*:

- ✦ *I **will not (won't) learn** French*
  No aprenderé francés

Y para las preguntas, solo es necesario intercambiar el orden del sujeto con el del verbo modal en las frases afirmativas.

- ✦ ***Will you learn** Spanish*
  ¿Vas a aprender español?

El Futuro Continuo

Este tiempo verbal se considera de inglés avanzado, pero con los cuatro pasitos que os muestro, veréis que al final es súper fácil y os podréis basar en la conjugación del Futuro Continuo en lengua española para formar este tiempo verbal en inglés.
You'll see, it's easy peasy!

Forma

AFIRMACIÓN	NEGACIÓN	INTERROGACIÓN
I will be waiting	I will not (won't) be waiting	Will I be waiting?
You will be waiting	You will not be waiting	Will you be waiting?
He will be waiting	He will not be waiting	Will he be waiting?
She will be waiting	She will not be waiting	Will she be waiting?
We will be waiting	We will not be waiting	Will we be waiting?
You will be waiting	You will not be waiting	Will you be waiting?
They will be waiting	They will not be waiting	Will they be waiting?

Yo estaré esperando -Yo no estaré esperando -¿Estaré esperando?

Una de las cosas que vemos a primera vista es que, para formar este tiempo verbal, utilizaremos el verbo modal de futuro *will* acompañado del verbo *'to be'* en infinitivo más un verbo en gerundio.

> **Sujeto + will + be (inf) + verbo gerundio (-ing)**
> **Sujeto + will have been + verbo-ing**

Usos

Acción en desarrollo

Al igual que el Pasado Continuo, este tiempo también indica una acción en desarrollo. En este caso, hace referencia a una acción que estará en desarrollo en el futuro.

Si fuésemos a representarla en una línea temporal sería algo así:

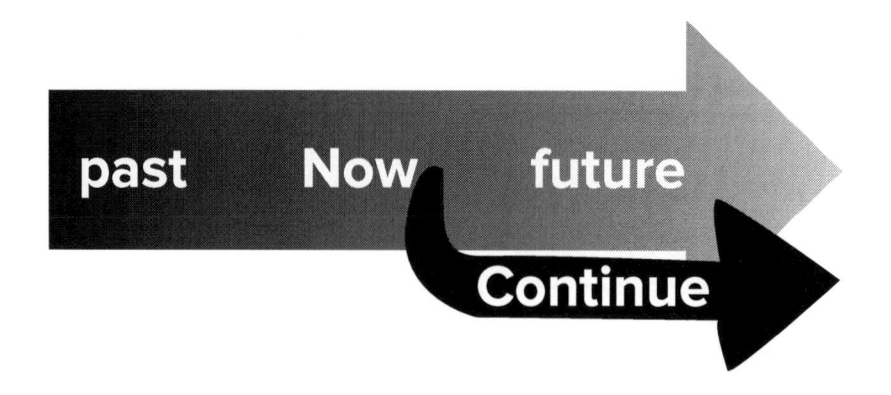

Ejemplos:

✦ *Tomorrow morning, I **will be studying**.*
   Mañana por la mañana estaré estudiando

✦ *At 7 o' clock tomorrow, I **will be watching** that film.*
   Mañana a las 7 estaré viendo esa película

Interrupción en el futuro

También podemos usarlo para indicar que una acción quedará interrumpida en el futuro:

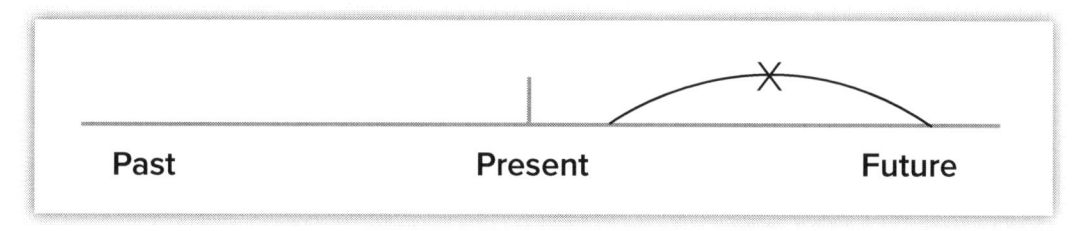

Por ejemplo:

✦ *I **will be watching** telly when mum comes from work.*
   Estaré viendo la tele cuando mamá regrese del trabajo

✦ *Dad **will be cooking dinner** when I arrive home.*
   Papá estará cocinando cuando yo llegue a casa

Fijaos que la acción larga, es decir, la que está en desarrollo es la que va en Futuro Continuo mientras que la acción corta, o lo que es lo mismo, la que la interrumpe, está en Presente Simple.

Tiempo concreto

Para referirnos a acciones que sucederán en un tiempo concreto en el futuro.

Ejemplo:

+ **Next month** she **will be driving** her new car.
  El mes que viene ella estará conduciendo su coche nuevo.

Acciones simultáneas

También podemos usarlo para mostrar simultaneidad. Es decir, dos acciones se producirán a la vez en el futuro.

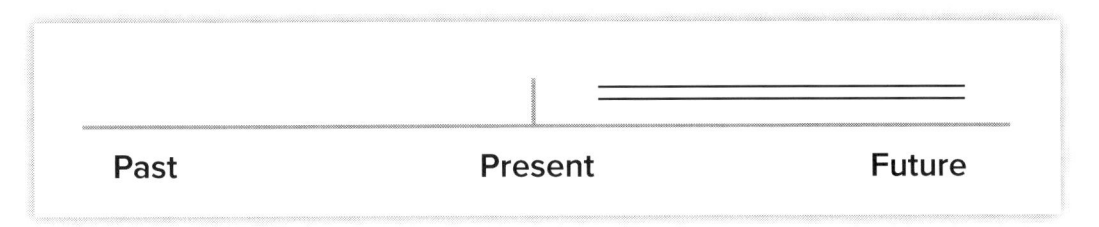

Past	Present	Future

Por ejemplo:

+ *I* **will be working** *while he* **will be having** *fun.*
  Yo estaré trabajando mientras él se estará divirtiendo

+ *Tomorrow, we* **will be chatting** *at the pub and* **drinking beer.**
  Mañana estaremos charlando en el pub y tomándonos unas cervezas

EL FUTURO PERFECTO

Ya hemos visto varias formas verbales tanto de futuro, como de las formas perfectas tanto del presente como del pasado...ahora los combinamos todo, lo agitamos...y *voilà!*...aquí tenemos el Futuro Perfecto.

Este tiempo se usa para referirnos a una situación que se dará por finalizada en un momento dado en el futuro.

Parece una forma complicada, pero en realidad es muy simple porque sigue la misma estructura sintáctica que el español... (solo que se le añade el verbo modal y nosotros de esos no tenemos)

¡Veámoslo!

Estructura

Afirmativa

> **Sujeto + WILL + HAVE + PARTICIPIO PASADO**
> *(I will have gone/yo habré ido)*

Interrogativa

> **WILL + Sujeto + HAVE + PARTICIPIO PASADO?**
> *(Will you have gone?/ ¿Habrás ido?)*

Negativa

> **Sujeto + *WON'T + HAVE + PARTICIPIO PASADO**
> *(I won't have gone/ Yo no habré ido)*

***WON'T** es la forma abreviada de *"will not"*.

EXPRESIONES

Este tiempo suele ir acompañado de una expresión temporal del tipo: *by, by the time, before...*

+ ***By tomorrow**, I will have finished this book.*
   Para mañana habré terminado este libro

No quiere decir que yo, en ese preciso momento, esté leyendo el libro pero, estoy segura de que mañana ya lo habré leído.

Veamos otro ejemplo:

+ ***By five o'clock***, *we will have arrived home.*
  A las cinco, ya habremos llegado a casa.

No se aclara si vamos de camino, pero de lo que estamos seguros es que, a las cinco, ya habremos llegado a casa.

Recordad que el Futuro Perfecto se forma siempre con *HAVE* aunque el sujeto sea una 3ª persona del singular porque va después del verbo modal *will*.

+ *I will have met Peter.*
+ *Peter will have met me.*

EL FUTURO PERFECTO CONTINUO

USOS:

Aunque guarda cierto parecido con el *Future Perfect* en lo que al uso se refiere, este tiempo se emplea para referirnos acciones en desarrollo, y por lo tanto inacabadas, en un determinado momento del futuro.

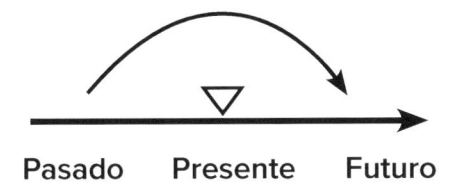

Pasado   Presente   Futuro

Expresa duración:

Cuando se especifica alguna expresión de tiempo, hace referencia a una acción que comenzó antes de esa expresión de tiempo concreta y que probablemente siga en el futuro.

+ ***By the end of May,** I **will have been working** for this company for ten years.*

    A final de mayo habré estado trabajando para esta empresa durante más de diez años

(Empecé antes de la expresión de tiempo especificada -mayo- y lo más seguro es que mi labor en la empresa continúe pasada esa fecha.)

Expresa causa:

Cuando el hablante está seguro de la causa de una acción futura.

+ ***By the end of the week,** I know I will be exhausted. **I will have been working** overtime everyday.*
    Al final de la semana sé que voy a estar agotada. Habré estado haciendo horas extras todos los días.

ESTRUCTURAS:

Sí, no se trata de una errata. Hablo en plural cuando me refiero a las diferentes formas que puede tomar este tiempo verbal.

Tenemos dos tipos. Ambos con el mismo significado y la misma traducción así que, no pretendo que os volváis locos.

Al menos debéis saber que existe otra forma, pero usad la que más os guste.

1. Con **WILL**:

Afirmativa:

> Sujeto + will have been + verbo-*ing* ?

+ *By the end of the day, the children **will have been studying** for hours.*
  Al final del día, los niños habrán estado estudiando durante horas.

Interrogativa:

> Will + sujeto + have been + verbo-*ing* ?

+ ***Will you have been working** for the same company by the time you retire?*
  ¿Habrás estado trabajando para la misma empresa cuando te retires?

Negativa:

> Sujeto + won't + have been + verbo-*ing* ?

+ ***When I finish my holidays, I won't have been thinking about my boss at all.***
  Cuando termine mis vacaciones, no habré estado pensando en mi jefe en absoluto.

2. Con **Be going to**:

Afirmativa:

> Sujeto + am/is/are + going to + have been + verbo-*ing* ?

- *By the time I finish reading the book, I am going to have been reading the whole day.*
  Cuando termine de leer el libro, habré estado leyendo durante todo el día.

Negativa:

- *By the time I finished reading the book, I am not going to have been reading the whole day.*
  Cuando termine de leer el libro, no habré estado leyendo durante todo el día.

Interrogativa:

- *By the time you finish reading the book, are you going to have been reading the whole day?*
  Cuando termines de leer el libro, ¿habrás estado leyendo durante todo el día?.

Algunas expresiones de tiempo:

- *By the time...*
- *By the end of... the day*
- *By 10 o'clock*
- *In October...*
- *for/since*

Unos breves apuntes para terminar:

a) Recordemos que al tratarse de una forma verbal de aspecto continuo NO puede ser usado con los denominados *Stative verbs* o verbos de estado. Más adelante veremos estos verbos.

b) Cuando se desconoce la duración de la acción se recomienda el uso del Futuro Continuo.

Parte 3: Verbos Modales

Introducción a los Verbos Modales: CAN y COULD (poder)

Los Verbos Modales son unos verbos especiales en inglés.

Vamos a centrarnos en *'can'* y *'could'* para introducir el tema y más adelante, en otras lecciones, ya veremos los verbos modales más comunes.

Una vez entendamos cómo funcionan, para qué sirven y cómo se usan nos será muchísimo más fácil entender todos los demás.

Cómo se forman

Como ya hemos dicho, los verbos modales son verbos especiales que funcionan de manera diferente a los demás verbos en inglés.

Son mucho más simples porque no se conjugan.

LOS VERBOS MODALES:

1. Se colocan antes de otro verbo en forma infinitiva (sin *'to'*)

    + *I can swim*
      Puedo nadar

    + *We can sing*
      Podemos cantar

2. Nunca se les añade "-s" en la tercera forma del singular:

    + *He speaks English*
      Él habla inglés

      vs

    + *He can speak English* —> *He cans speak English* (MAL)

3. Para crear la forma negativa de los verbos modales se le añade *'not'* después del verbo modal y antes del verbo léxico (el que proporciona el sentido a la frase).

También los modales tienen una forma contraída.

- *I cannot go–I can't go*
  No puedo ir

- *I could not go–I couldn't go*
  No pude ir

'CAN'

'*Can*' (en presente) se utiliza para expresar permiso, habilidad o posibilidad

1) **PERMISO**
   - *Can I go to the beach? No, you can't.*
     ¿Puedo ir a la playa? No, no puedes

2) **HABILIDAD**
   - *Margot can play the piano*
     Margot sabe (es capaz de) tocar el piano

3) **POSIBILIDAD**
   - *It can get very cold in this house*
     Puede (llegar a) hacer mucho frío en esta casa

'COULD'

El verbo modal '*could*' se traduciría de diferentes maneras:

1. **'Poder' en español: Pretérito Perfecto e Imperfecto del Indicativo**
   - *They could sing like angels*
     Podían cantar como ángeles

   - *I couldn't see you through the window*
     No pude verte a través de la ventana

2. **'Poder' en español: Condicional**
   - *Could you pass me the salt, please?*
     ¿Podrías pasarme la sal por favor?

   - *We could go to New York on the weekend*
     El fin de semana podríamos ir a Nueva York

- ✦ *It could rain tonight*
  Esta noche podría llover

3. Como en español, utilizamos '*could*' tanto para formular preguntas más formales y educadas.
   - ✦ *Could you pass me...?* **VS** *Can you pass me...?*
     ¿Podrías pasarme...? VS ¿Puedes pasarme...?

4. Para indicar una posibilidad
   - ✦ *I could write a letter to the president*
     Podría escribirle una carta al presidente

Como has visto en los ejemplos, para crear la forma interrogativa, solamente se invierte el orden del verbo y del sujeto. Nada nuevo ahí, ¿verdad?

Verbos Modales: SHALL

Shall se usa igual que *will* (ver tiempos verbales de futuro), pero su uso es mucho más educado, por lo que lo podremos encontrar en cualquier expresión en la que nos debamos dirigir a una persona que no conozcamos, a un superior, a una persona de un estamento oficial, etc.

Sin embargo, el uso y las estructuras de las frases son las mismas.

- ***He shall be happy to see you***
  Estará feliz de verte.

- ***Where shall we meet?***
  ¿Dónde nos encontramos?

La expresión *Let's* (tanto en afirmativo como en negativo) llevará la *Question Tag* (luego las analizamos): *shall we?*

- ***Let's go to the beach, shall we?***
  Vamos a la playa, ¿vale?

- ***Let's not argue, shall we?***
  No discutamos, ¿ok?

En la forma interrogativa, hay casos donde '*will*' se sustituye por '*shall*'. Veamos cuales son.

1) Cuando nos ofrecemos o sugerimos hacer algo utilizamos esta forma, dando entender a la otra persona que nos gustaría saber si le parece bien.

   - ***I'm cold. Shall I close the window?***
     Tengo frío. ¿Cierro la ventana?

   - ***Shall we go to Puerto Rico next summer?***
     ¿Vamos a Puerto Rico el verano que viene?

2) Si queremos pedir consejo sobre algo, también utilizamos este tipo de futuro.

   - ***Shall I start a new book?***
     ¿Empiezo un libro nuevo?

   - ***Shall I tell him?***
     ¿Se lo digo?

Verbos Modales: SHOULD

Should es otro verbo modal y se pronuncia /ʃʊd/, es decir, olvídate de la "o" y de la "l".

Should se suele traducir al español como "debería" y, también como en español, se suele usar para aconsejar, opinar y recomendar.

También se puede usar para expresar obligación e incluso expectativas o previsiones.

Como todos los verbos modales, su estructura es muy simple.

Cómo se forma

Sujeto + should + verbo principal

El verbo principal siempre va en infinitivo (sin *'to'*)–>*Bare Infinitive*

AFIRMATIVO	He	should	drink
NEGATIVO	He	should not / shouldn't	drink
INTERROGACIÓN	Should	he	drink?

Entonces, *should* se puede utilizar para:

Aconsejar

+ ***You should speak to María about the trip***
  Deberías hablar con María sobre el viaje
+ ***Peter should see a doctor***
  Peter debería ver a un médico
+ ***You should focus more on your studies***
  Te deberías centrar más en tus estudios

Para opinar o recomendar

+ ***When you go to Barcelona, you should visit the Sagrada Familia***
  Cuando vayas a Barcelona deberías visitar la Sagrada Familia

+ ***You should come now***
  Deberías venir ahora

Cuando recomiendas o aconsejas, también puedes usar el verbo modal *ought to* (aunque su uso no es tan común):

+ ***We ought to invest more in India.***
  Deberíamos invertir más en India

Como hemos dicho, *should* puede expresar una opinión personal y por eso muchas veces puede ir seguido de *"I think"* (creo que...)

+ ***I think he should buy a new car***
  Creo que debería comprarse un coche nuevo

Obligación

+ ***I really should be in the office before 9am***
  Realmente debería estar en la oficina antes de las 9am

*Cuando expresas obligación, también puedes usar **"to be supposed to"**:

+ ***I am supposed to be in the office before 9am***
  Se supone que tengo que estar en la oficina antes de las 9

Expectativa o previsión

+ ***By now, they should already be in Menorca***
  Ahora ya deberían estar a Menorca

Verbos Modales: MUST vs HAVE TO

¿Qué diferencia existe entre *must* (verbo modal) y *have to* (semimodal)?

En primer lugar debemos tener en cuenta que el uso de ambas formas en la afirmativa apenas presenta diferencias de significado, pero que en lo referente a su estructura, ambas van seguidas de un verbo en infinitivo.

Entonces:
Must se emplea para referirnos a acciones importantes para el emisor o impuestas por él, mientras que con *have to* el emisor comunica una obligación que le ha sido impuesta.

✦ *You must be quiet*
   Tenéis que estar en silencio.
(El profesor impone a los alumnos esa obligación).

pero

✦ *We have to be quiet*
   Tenemos que estar en silencio
(Porque el profesor lo manda.)

Negativa

Prestemos atención a las formas *mustn't* y *don't/doesn't have to* porque es donde se aprecian diferencias más evidentes:

Mustn't expresa prohibición

Hace referencia sobre todo a leyes, reglamento o normas.

✦ *You musn't smoke in the building*
   Prohibido fumar en el edificio.

Don't/ doesn't have to expresa la ausencia de necesidad de hacer algo

✦ *You don't have to finish that today*
   No tienes que terminar eso hoy.

Fijaos en cómo en su forma negativa, a diferencia de la mayoría de modales éste sí necesita auxiliar. De ahí que se le considere un semimodal. No lo confundáis con el 'have got' y toméis su forma negativa.

Interrogativa

Normalmente, para preguntar se suele usar el *"Do/Does.... have to?*
En lugar de la forma con *must*.

+ **Does he have to stay at home?**
   ¿Tiene que quedarse en casa?

Verbos Modales: MAY y MIGHT

Los Verbos Modales, repetimos, son unos verbos que actúan como muletillas en las frases; es decir, ayudan a construir el significado de estas.

El uso de estos verbos se centra en que los verbos léxicos en inglés, no pueden ser modificados en su raíz como hacemos en español:

- Esperaba que viniera a casa — *I expected him to come home.*
vs
- Es posible que pueda venir esta noche — *She may come tonight.*

    Los verbos ingleses carecen de flexión, ya que solo permiten añadir la "-s" de tercera persona y, por ello, necesitan de estos verbos modales que les ayuden a transmitir el significado.

Ahora nos centraremos en los verbos modales que indican probabilidad: *may* y *might*.

May /meɪ/

1) Este verbo modal se usa para indicar posibilidades en un futuro y su usa de la siguiente manera:

    - *He may come tomorrow*
    Es posible que venga mañana.

    - *He may not come tomorrow*
    Es posible que no venga mañana.

May no vamos a poder juntarlo con *not* (es decir, contraerlo en negativo), como hacemos con otros verbos como el *"do not"*–> *"don't"*.
Solo se usa la partícula *"not"* para transmitir llanamente el significado negativo. *Mayn't* no existe.

- *May he come tomorrow?*
¿Es posible que venga mañana?

Para hacer bien la pregunta con este verbo, solo es necesario intercambiar el orden del sujeto y el verbo de la oración afirmativa y las respuestas siempre se darán en la forma:

- *Yes, he may*
- *No, he may not.*

2) Otro de los usos de *may* es para pedir permiso de una manera educada:

- ✦ **You may start the exam, if you want.**
  Podéis empezar con el examen, si queréis.

3) También nos sirve para hacer preguntas de una manera más educada:

- ✦ **May I leave now?**
  ¿Le importa si salgo ahora?

Might /maɪt/

Might es casi un sinónimo de *may* y se usa también para indicar posibilidades en el presente y en el futuro (más abajo te explico las diferencias).

- ✦ **He might come tomorrow.**
- ✦ **He might not come tomorrow.**
- ✦ **Might he come tomorrow?**

El uso y la manera de construir las frases con este verbo modal es la misma que usamos con *'may'*, por lo que no será necesario memorizar estas reglas de construcción de frases.

Los verbos modales son muy simples de usar y con solo un poco de práctica, aprenderemos a usarlos rápidamente y en los contextos adecuados.

Entonces...

1) **Usamos *may* en vez de *might***
   a) Si es probable que hagas algo
      - ✦ **I may go to the cinema tonight**
        ...es decir, "puede que esta noche vaya al cine"
   b) Si estás hablando de permisos
      - ✦ **You may go out with your friends after lunch**
        ...es decir, "(tienes permiso) para salir con tus amigos después de comer"

2) **Ten cuidado: *may not* y *might not* no son lo mismo:**
   - ✦ **I may not go out tonight**
     Da la idea de que no tienes permiso para salir mientras que

- *I might not go out*
  da la idea de que hay muchas probabilidades de que no salgas esta noche.

3) **En la forma del pasado siempre se usa *might*, no *may*.**

        - *He might have gone out last night*
          Puede que anoche saliera

        - *He might have tried to call while I was out*
          Puede que haya intentado llamar mientras yo estaba fuera

Verbos Modales: OUGHT TO

En primer lugar debemos mencionar que este verbo modal es de los menos conocidos.

No se usa muy frecuentemente porque se considera súper formal y, además, tenemos el archiconocido y sinónimo *should* (ambos significan 'debería'/'tendría que') ¿para qué complicarnos la vida aprendiendo este verbo que suena y se escribe tan raro?

Respuesta fácil: porque el saber no ocupa lugar :-p y porque si alguna vez lees o escuchas *ought to*, que al menos sepas por donde van los tiros..ahh y además porque como es un verbo de uso menos frecuente, suele caer siempre en tests y examénes de inglés.

Hay un poco de confusión con este modal porque en clases de inglés siempre nos han machacado con eso de que "los verbos modales no llevan *'to'*–>

Nunca digas o escribas *I can to dance* o *I must to go* porque te pondrán un cero como una casa.

Sin embargo, *ought* va seguido de *'to'*, entonces la peña se lía un poco.

Pero mejor veamos paso a paso cómo se pronuncia, usa y forma este verbo modal para que no caigamos en sus trampas.

Pronunciación: ***Ought*** /ˈɔːt/– ***Ought to*** /ˈɔːt tuː/

Uso

1. Se construye seguido de *'to'*.
2. Coincide con los demás verbos modales en que no lleva '-s' en la tercera persona del singular, ni auxiliares para su forma interrogativa.
3. Tiene un uso similar al *should*. Por lo tanto, también se traduce por "debería + infinitivo".
4. Se emplea también para indicar suposición. "*She ought to be at work*" (Debe de estar en el trabajo).

Nota: *Un seguidor del blog me explicó que el 'to' del verbo 'ought to' es un fake porque no era un 'to' real... el verbo medieval era 'ohte' y los escribas comenzaron, por algún motivo, a escribir éste separado...luego alguien inter-*

pretó que era un 'to' y se quedo ahí para siempre.... es como un modal central pero partido en trozos y 'ohte' era, por su terminación, un verbo en pasado.

Should vs Ought to

Y entonces, ¿cómo los diferenciamos?

Pues digamos que, en lo que a significado se refiere, ambas formas se emplean en caso de una obligación debil, para recomendar algo e incluso para aconsejar. No existe una gran diferencia y, en la mayoría de los casos, se pueden usar indistintamente.

Sin embargo, cuando ese consejo hace referencia a una norma o responsabilidad moral, más que a una opinión general sobre algo, se suele emplear *"ought to"* en lugar de *"should"*.

- ✦ ***You should study harder***
  Opino que "deberías estudiar más (Es mi opinión particular.)
- ✦ ***You saw the thief. You ought to call the pólice***
  Viste al ladrón. Deberías llamar a la policía (casi como una obligación moral.)

Estructura

Afirmativa:
- ✦ ***You ought to help the poor***
  Deberías ayudar a los pobres

Negativa:
- ✦ ***You ought not to help the poor***
  No deberías ayudar a los pobres

La forma contraída es *"oughtn't to'* pero está casi en desuso.
La forma negativa puede hacerse omitiendo el *to*.
Ambas son correctas: *You ought not (to) help the poor*.

Interrogativa:
- ✦ ***Ought I to help the poor?***
  ¿Debería ayudar a los pobres?

Esta forma interrogativa es gramaticalmente correcta, pero no tiene un uso tan frecuente como *should*: *"Should I help the poor?"*.

HAD BETTER + INFINITIVO

I'd better... La "d" contraída después del apóstrofo no corresponde a *'would'*, sino a *'had'*.

Generalmente *"had better"* se considera como una forma de Verbo Modal y se usa para aconsejar...Aunque este no va en la misma línea que los anteriores modales *(should y ought to)*.

Éste va con tono de ultimátum, casi como de regañina... un poco en esa línea.

Se traduce como: es mejor que...
Su forma contraída "Suj+ *'d better"*es la más habitual.

Esta forma verbal da recomendaciones sobre situaciones determinadas. Si se tratara de consejos más generales, se empleará la forma *should*.

- ✦ *You'd better see a doctor*
- ✦ *You should see a doctor*

Forma

Esa aparente forma de pasado *'had'* no debe engañaros.
La forma *'had better'* no denota pasado sino todo lo contrario.
Hace referencia a un presente o a un futuro.

- ✦ *You'd better study for the exam.*
    Es mejor/te recomiendo que estudies para el examen.
    (El examen aún no ha ocurrido)

- ✦ *We'd better hurry up or we'll miss the train*.
    Es mejor/más nos vale que nos demos prisa o perderemos el tren.
    (El tren aún no ha salido)

Negación

Fijaos en la forma negativa: **"You'd better not fail this exam."** (Te recomiendo/ni se te ocurra suspender este examen).

Fijáos que *NO* se niega el *'had'*.

Usos de la forma *had better*

Para hablar de lo que sería preferible o más conveniente que sucediera en una determinada situación:

Con referencia al presente o al futuro:

- *I'd better finish the report now before the boss comes*
  Es mejor que acabe el informe antes de que llegue el jefe

- *You'd better tell him the truth*
  Es mejor que le cuentes la verdad

Es una expresión un tanto potente, que puede resultar casi imperativa, de ahí que se use solo cuando se considere que alguna consecuencia negativa se pueda derivar en caso de no producirse esa recomendada acción.

- *"You'd better not be late again for work" my boss warned me*
  "Es mejor que no vuelva a llegar tarde al trabajo" mi jefe me advirtió

Si quisiéramos "suavizar" un poco el tono, podríamos sustituirlo por el modal *"should/shouldn't"*.

- *You'd better run vs You should run*

Aunque en ambos casos se trata de una recomendación, el tono cambia.
La primera, más que un consejo, suena casi a orden.

Incluso en el lenguaje coloquial se usa la variante *"had best"* en lugar de *"had better"* para intentar darle un tono menos grave y directo.

- *You'd best come tomorrow. I don't think I could help you today*
  Sería mejor que vinieras mañana. No creo que pueda ayudarte hoy

Cuándo no se usa la forma *had better*

¡Mucho cuidado! Nunca la usaremos para hablar de gustos y preferencias. Para eso empleamos las formas: *would rather or would prefer.*

- *I'd rather/I'd prefer to stay at home than go out in this weather*
  Preferiría quedarme en casa que salir con este tiempo

Por lo tanto sería erróneo decir: ***I'd better stay***
Ni para sugerir algo que no implique una repercusión negativa.

- *You should visit us this weekend*
  Deberías visitarnos este fin de semana

Y no: ***You'd better visit us this weekend***

Realmente, al traducirlo al español no suena mal, pero dicho en inglés muestra un tono amenazante…Es decir, si lo que pretendemos es que nos visiten, no deberíamos emplear el "*had better*" ¡Sonaría a amenaza!

Porque en algunos caso se puede traducir como "Más te vale…" ☺

WOULD: *I WOULD LIKE*

Un apunte antes de empezar:
Would también sirve como la forma pasada de *will*:

✦ ***I thought it would rain so I brought my umbrella.***
Pensaba que llovería así que traje mi paraguas.

y lo volveremos a ver en el capítulo de las formas condicionales.

Ahora vamos a aprender a formular deseos y a ser educados cuando le ofrecemos algo a alguien, o cuándo somos nosotros los que pedimos algo.

Para eso vamos a utilizar la expresión "*would like*" pronunciada /wʊd ˈlaɪk/.
Fíjate que la letra "l" es muda.
Vamos a empezar con unos ejemplos para ver el contexto real de esta expresión:

✦ ***She would like to meet Brad Pitt***
Le gustaría conocer a Brad Pitt

✦ ***Would you like some tea?***
¿Quieres/Quiere té?

✦ ***We would like something to drink***
Nos gustaría beber algo

Cómo se forma

El verbo modal '*would*' va seguido del infinitivo '*like*' para formar esta expresión tan común en inglés.
Como hemos anticipado, podemos utilizar la combinación '*would like*' en diferentes situaciones.

1) Expresar deseos

Una de ellas es para expresar deseos, cosas que nos gustaría que ocurrieran. Para ello, pondremos un infinitivo precedido de '*to*' justo detrás de '*would like*'.

Sujeto + would/wouldn't + like + infinitivo con 'to' + (Complemento)

✦ ***He wouldn't like to be a doctor***
No le gustaría ser médico

✦ ***I'd like to have a bigger flat***
Me gustaría tener un apartamento más grande

Supongo que has notado que en su forma afirmativa, el verbo modal '*would*' puede contraerse, añadiendo solo '-'d' al sujeto.

✦ ***He'd like to know* more people**
  Le gustaría conocer a más gente

2) Ofrecimientos

También utilizamos esta forma verbal para ofrecer algo. En este caso el verbo va en su forma interrogativa.

> **(Wh-word) + would + Sujeto + like + (Complemento)**
>
> ✦ ***Would you like a sandwich?***
>   ¿Quieres/Quiere un sandwich?
> ✦ ***Would you like to come to my party?***
>   ¿Te gustaría venir a mi fiesta?

2.1- Algo tangible

Cuando lo que ofrecemos es algo tangible (en este caso sobre todo se utiliza con comida y bebida), tras 'would like' tendremos inmediatamente aquello que se ofrece en forma de nombre u otra forma nominal.

✦ ***Would you like a beer?***
  ¿Quieres una cerveza?

✦ ***Would you like some chocolate cake?***
  ¿Quieres un poco de tarta de chocolate?

2.2- Ideas abstractas

Si en lugar de ofrecer algo tangible invitamos a alguien a alguna actividad, el complemento del verbo 'would like' será una forma verbal, donde el verbo será un infinitivo con 'to'

✦ ***Would you like to go for a walk?***
  ¿Quieres dar un paseo?

✦ ***Would you like to drive my new car?***
  ¿Te gustaría conducir (manejar) mi coche (auto) nuevo?

*Recuerda que hablar inglés implica ser muy educado ☺, así que nunca diremos directamente que queremos algo como hacemos en español.
En lugar de hacer eso, utilizaremos esta fórmula, que nos hace quedar mucho mejor en nuestras relaciones sociales.

✦ ***I'd like some more wine*** – ¿Me das más vino?
✦ ***I'd like to ask you something*** – Me gustaría preguntarte algo

LOS MODALES PERFECTOS

- will/would
- can/could
- may/might
- must/should
- ought to have to

Verbos Modales

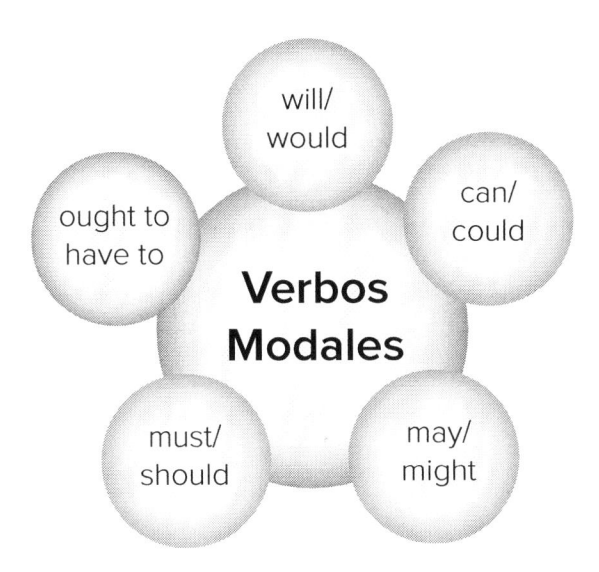

Ahora nos vamos a centrar en los Modales Perfectos. Pero antes, prefiero asegurarme de que estos puntos acerca de los verbos modales simples están claros.

Modales simples

La estructura:

Verbo modal+ verbo en forma base

Recordemos que los verbos modales no funcionan como el resto de los verbos. No se valen por sí solos, sino que acompañan a otros verbos. Aunque hay excepciones: *Yes, we can!*.

✦ *I must leave now*
  Me tengo que marchar ahora

El verbo al que acompaña debe ir siempre en forma base (sin *to*).
Dependiendo del verbo modal empleado se podrá expresar capacidad, posibilidad, obligación y duda.

✦ *I can swim now*
  Ahora puedo nadar

✦ *I can swim*
  Sé nadar

- *I could swim when I was five*
  Cuando tenía cinco años podía/sabía nadar

- *I must swim or that shark is going to attack me*
  Debo nadar o ese tiburón me va a atacar

- *I should swim because I need to exercise a bit*
  Debería nadar porque necesito hacer un poco de ejercicio

Vemos como al cambiar de verbo modal, damos un matiz de significado diferente a la misma frase.

Modales perfectos

Mucho ojo con la estructura:

> Modal + Have + Participio -ed/3ª Columna

La tercera columna se refiere a que si es un verbo regular acabará en -ed y si es un verbo irregular tendrá la forma del participio que le corresponda.

Fíjate en la siguiente tabla de Modales Perfectos:

MODAL	USO	EJEMPLOS INGLÉS	ESPAÑOL
MUST HAVE	Una certeza o conclusión lógica sobre un evento en el pasado	*The driver **must have** lost his way.*	El conductor se **debe haber** perdido
MIGHT/MAY HAVE	Una suposición sobre algo que pasó anteriormente	*She **might/may have** bought a new house.*	Se **debe haber** comprado una casa nueva
COULD HAVE	La habilidad para hacer algo en el pasado pero que, al final, no se hizo	*You **could have** avoided that accident.*	**Podrías haber** evitado ese accidente

MODAL	USO	EJEMPLOS INGLÉS	ESPAÑOL
COULDN'T HAVE	Una certeza de que algo no sucedió	He **couldn't have** known the truth.	Él **no podía haber** sabido la verdad
SHOULD HAVE	Un consejo que no fue seguido en el pasado. Expectativas que no fueron satisfechas en el pasado	He **should have** listened to me. They **should have** won the match.	**Debería haberme** escuchado. **Deberían haber** ganado el partido
SHOULDN'T HAVE	Crítica que se dio tras una situación determinada	You **shouldn't have** gone to the party	No **deberías haber** ido a la fiesta

Veamos más ejemplos

✦ *She can't have finished*

En este ejemplo vemos que *finish* al ser un verbo regular su forma de participio acaba en *–ed*.

También debéis recordar que no importa que el sujeto sea una tercera persona del singular. Siempre se construirá con *have* y no *has*. Con lo cual, mirad el lado positivo...adiós a la temida '–s'.

Lo mismo ocurre con la carga negativa que recae siempre en el modal *(can't)* y nunca en el auxiliar que permanece invariable.

✦ *They might have come*

Se diferencian de los modales simples en que hacen referencia a un hecho pasado.

Comparemos estas dos frases:

✦ *She should study for the exam*
   Ella debería estudiar para el examen (aún no lo ha hecho)

✦ *She **should have studied** for the exam*
   Ella debería haber estudiado para el examen (no lo hizo -en el pasado)

Usos de los Modales Perfectos

Posibilidad de haber hecho algo

¿Recordáis eso de que "lo hecho, hecho está"?

Pues viene a ser algo por el estilo. Al referirse a un tiempo pasado hablamos de algo que se pudo haber realizado pero que finalmente no se hizo.

Para que lo veáis con mayor claridad, os propongo esta situación:

Ayer estuvimos de fiesta y no nos fuimos a la cama temprano. Al día siguiente teníamos un examen. Sin embargo, como nos levantamos tarde, perdimos el autobús, con lo cual llegamos tarde a clase y no pudimos hacer el examen. ☹

Ahora solo podremos lamentarnos diciendo:

- ✦ ***We shouldn't have gone*** *to bed so late*
  No deberíamos habernos acostado tan tarde (pero lo hicimos)

- ✦ ***We could have caught*** *the 8 o'clock bus*
  Podríamos haber cogido el autobús de las 8 (pero no lo cogimos)

- ✦ ***We might have arrived*** *on time for the exam*
  Hubiésemos llegado a tiempo para el examen (pero no fue así)

- ✦ ***We would have taken*** *the exam*
  Habríamos hecho el examen (pero no lo hicimos)

Conjetura a partir de una evidencia

- ✦ ***Her car isn't parked outside. She might have left***
  Su coche no está aparcado afuera. Puede que se haya marchado

- ✦ ***You got a ten. You must have studied hard for the exam.***
  Sacaste un diez. Tienes que haber estudiado mucho para el examen

- ✦ ***He may not have been at home. Nobody answered the phone***
  Puede que no estuviera en casa. Nadie cogió el teléfono

- ✦ ***I knew everything was going to be alright. You needn't have worried so much.***
  Sabía que todo iba a salir bien. No era necesario que te hubieras preocupado tanto

Parte 4: Phrasal Verbs

PHRASAL VERBS, QUE FASTIDIO...

Los Verbos Frasales, *Phrasal Verbs*, son realmente un fastidio. En español no tenemos un equivalente a este tipo de verbos y por eso nos cuesta tanto aprenderlos y recordarlos.

¿Qué son los Verbos Frasales?

Los *Phrasal Verbs* son verbos a los cuales se le añade una (o dos) partículas (preposición o adverbio).

Veamos, por ejemplo, **Look for.**

Si sabes algo de inglés, reconocerás el verbo *look* (mirar) y la preposición *for* (para).

Así, separados no presentan mayor problema, pero... al unirlos...*To look for* significa 'buscar'.

El verbo ha cambiado de significado totalmente y no hay manera racional de interpretar el significado de este *Phrasal Verb* con el análisis de sus partes individuales.

Lenguaje informal

Es muy importante memorizar y aprenderse bien los *Phrasal Verbs* porque estas formas verbales se utilizan muy a menudo en el lenguaje coloquial.

Un inglés, generalmente, no te dirá: *'I can't tolerate it'*, que se entiende bastante bien en español: 'No lo puedo tolerar' (*Tolerate*= tolerar) sino que te dirá: *'I can't put up with it'* (*Put up with*=Tolerar).

Entonces sólo nos queda aprenderlos de memoria (*by heart*) y practicarlos todo lo que podamos. Ya sé que no es la forma más divertida de aprender inglés, pero con los *Phrasals* no queda otra...

Lo que sí se puede hacer es intentar no aprendérselos todos de memoria como en una lista (aunque las listas pueden resultar muy útiles para tenerlos a mano), sino que, a medida que vayan surgiendo, los apuntas y los **memorizas con el contexto** del *Phrasal* en mente.

En el apéndice incluyo una lista de los *Phrasal Verbs* más comunes del inglés.

Tipos de *Phrasal Verbs*

Como ya hemos visto, un *Phrasal Verb* es un verbo formado por dos (a veces tres) partes: un verbo y un (o dos) adverbio o preposición.

A estos adverbios y preposiciones, cuando forman parte de un *Phrasal Verb*, se le llaman partículas (*particle* – /ˈpɑːtɪkl/).

También os explicaba que algunos verbos frasales tienen un significado transparente, es decir, que su significado es fácil de discernir *(sit down*-sentarse) mientras que otros tiene un significado más opaco: ejemplo *put up with* (tolerar).

Pero hay un montón más, por ejemplo, *take off* significa "despegar", *hold up* puede significar "causar retraso" o "intentar robar a alguien"…entonces, el significado original de *take* (tomar) o *hold* (agarrar) desaparece y se convierte en algo completamente diferente.

Una vez hecho este repasillo, nos vamos a centrar en los diferentes tipos de *Phrasal Verbs*, pues no solo su existencia nos puede amargar la vida a los hispanohablantes, es que además, para acabar de liarla, existen diferentes tipos y nos podemos ver más perdidos que en un Jardín de las Delicias del Bosco compuesto de verbos frasales, ejem…

Tipos de *Phrasal Verbs*

Exiten dos tipos principales de Verbos Frasales: Intransitivos y Transitivos.

1. Intransitivos

Se refieren a los *Phrasal Verbs* que no necesitan un complemento directo, es decir, que son autónomos y funcionan de una manera independiente.

Veamos un par de ellos para que os hagáis una idea más clara:

- **Back down**: recular, retroceder.
  Un ejemplo, en contexto, del *Phrasal Verb* "*back down*" lo podéis encontrar en la genial canción de Johnny Cash: *I won't back down* (No recularé)

- **Calm down**: calmarse.

*Recuerda que la "l" de *calm* es muda, es decir, que no la pronunciamos: /kɑ:m/.
*Es muy común usar este verbo en modo imperativo: *Calm down, please!* (¡Cálmate, por favor!)

- ✦ **Turn up**: aparecer, llegar, encontrar algo inesperadamente

> ***Don't worry about the keys. They'll turn up.***
> No te preocupes por las llaves, ya aparecerán.

2. Transitivos

Los transitivos son los PVs (dejo de llamarlos *Phrasal Verbs* todo el rato que me repito más que el ajo, a partir de ahora son PVs) que sí requieren un objeto, pero cuidadín, estos tipos de verbos tienen trampa porque ¿dónde colocas el complemento: entre el verbo y la partícula o al final del PV?

A ver, ¿cómo digo esto...?... Hay 5 tipos de PVs transitivos--¡ya lo he dicho!, pero *calm down*!, no passa res, iremos paso a paso.

1. **Con el objeto entre el verbo y la partícula:**
   - ✦ **Put on** (este verbo suena como un insulto, lo que le llamarías a una chica un poco "fresca"...)

> ***I'll put my jacket on***
> Me pondré la chaqueta

2. **Depués de la partícula:**
   - ✦ **Put on**...
     Sí, este verbo es de los dos tipos:

> ***I'll put on my jacket.***

Sin embargo, si el objeto es un pronombre (*he, she, it,* etc.) generalmente éste va entre el verbo y la partícula.

> ***I'll put it on***—no ~~I'll put on it~~

116

Esta parte suena complicada, pero en realidad es muy fácil si tenemos el español como lengua materna porque nosotros hacemos lo mismo, nunca diríamos:

Me pondré la...*I'll put on it*

sino que decimos

Me la pondré –*I'll put it on*

...el pronombre va entre el verbo y la partícula.

3. **PVs siempre separables**

Hay verbos que no son tan flexibles y siempre necesitan llevar el complemento directo entre el verbo y la partícula.

Por ejemplo, *calm down*.
Ahora aquí os voy a liar un poco más ☺

Calm down estaría dentro de este tipo de PVs...pero ¿cómo?
¡¿No nos habías dicho que era un PV intransitivo?!
Sí, puede serlo, pero también puede ser transitivo separable.

Es super importante tener en cuenta de que el hecho de que un PV sea intransitivo (que no necesite un objeto directo) no significa que algunos puedan ser también transitivos.

Y, para muestra, un botón: puedes usar *calm down* como intransitivo (visto arriba) o como transitivo separable:

✦ ***How to calm yourself down when you're nervous***
 Cómo calmarte (a ti mismo) cuando estás nervioso

Aquí, el pronombre reflexivo '*yourself*', funciona como objeto y tiene una función enfática.
No os he puesto este ejemplo para liaros, ¿eh?
Es para que veais que las tipologías no tienen por que ser estrictas (y menos en inglés que es una lengua tiene más excepciones que reglas...), un PV puede ser ambas cosas a la vez (transi e intransitivo)...pero no todos.

- **Let down**: decepcionar

  Don't let me down

  No me decepciones

4. **Siempre inseparables**

   Exiten PVs que nunca se deben separar y el objeto va siempre detrás de la partícula.

   - **Look after**: cuidar

     I'm going to look after you –no ~~I'm going to look you after~~

     Voy a cuidar de ti

   - **Look forward to**: esperar algo (con ansia)

     I look forward to seeing you soon

     Espero verte pronto

   - **Turn into**: convertirse

     The caterpillar turned into a butterfly—no *The caterpillar turned a butterfly into*

     La oruga se convirtió en mariposa

5. **PVs transitivos con dos objetos (uno va detrás del verbo y el otro detrás de la partícula)**

   - **Put (something) down to (something):** achacar (atribuir) algo a alguien (es gracias a esto que pasa lo otro)

     I put my interest in English language down to the teacher I had at primary school

     Achaco (atribuyo) mi interes por la lengua inglesa al profesor que tuve en la escuela primaria (gracias a él, tengo este interés)

PHRASAL VERBS CON LOOK

Vamos a ver algunos de los Verbos Frasales que se forman a partir del verbo *look*.

1. **LOOK INTO** significa 'investigar'. En inglés también existe el latinajo *'investigate'* pero se usa en contextos mucho más formales.

    + *The guard looked into the disturbance*
      El vigilante investigó el alboroto

2. **LOOK UP TO** *(somebody)* significa 'admirar'.

    + *My little brother looks up to me*
      Mi hermano pequeño me admira

3. **LOOK DOWN ON (somebody/something)** significa lo contrario de la número dos, es decir 'mirar por encima del hombro a alguien'

    + *You shouldn't look down on your employees*
      No deberías mirar por encima del hombro a tus empleados

4. **LOOK BACK** significa 'mirar al pasado' o 'recordar'

    + *When I look back on my life, I see pain, mistakes and heart ache*
      Cuando miro al pasado veo dolor, errores y pena.

5. **LOOK AROUND** significa literalmente 'mirar alrededor' o 'buscar'

    + *We have started looking around for a new house near Barcelona*
      Hemos empezado a buscar una nueva casa cerca de Barcelona

6. **LOOK AFTER** significa 'cuidar'

    + *Maria looked after my cats while I was abroad*
      María cuidó de mis gatos mientras yo estaba en el extranjero

7. **LOOK FOR** significa 'buscar'

    + *I'm looking for my keys*
      Estoy buscando mis llaves

8. **LOOK FORWARD TO** significa 'anhelar algo ansiosamente'. Muchas cartas o emails finalizan así:
   - *I look forward to seeing you soon*
     Espero verte pronto
   - *I look forward to working with you*
     Espero poder trabajar con usted
   - *I look forward to hearing from you*
     A la espera de sus noticias

NOTA: después de '*to*' (como preposición) va un verbo en gerundio

9. **LOOK AHEAD** significa 'pensar en el futuro/anticipar'
   - *We need to look ahead to make realistic plans*
     Necesitamos mirar al futuro para hacer planes realistas

10. **LOOK AT** *significa* 'considerar/examinar'
    - *The doctor needs to look at the wound before you leave*
      El médico necesita examinarte la herida antes de que te marches

11. **LOOK UP** significa 'consultar' una guía, directorio, diccionario, etc…Es decir, también se puede traducir como 'buscar'.
    - *Look up the word in the dictionary*
      Busca la palabra en el diccionario

PHRASAL VERBS: TO CALL ON, AT, FOR, TO, UP.

Ahora analicemos el verbo *'to call'*, ('llamar' en español). Nosotros decimos 'llamar a alguien', pero en inglés, dependiendo de la preposición que le coloques detrás del verbo estarás diciendo una cosa o la otra.
Y no sólo eso, también dependiendo de la preposición, deberás escribir (decir) una cosa o la otra.

Vamos a ver unos ejemplos para entenderlo.
Hay una gran diferencia entre *'to call ON'* y *'to call AT'*.

Call on

✦ **I called on** Mrs Ramsay at his office
   Visité a Mrs Ramsay en su despacho.

Fíjate:

1. *Call on* se ha traducido como 'visitar'.
2. Después de *'on'* se pone el nombre de una persona (o pronombre)

> **I called on her**—> La visité

La expresión *'Call on me'* también significa 'Préstame atención' o 'Fíjate en mí'.

Call at

✦ **I called at** her office but she was out.
   Fui a su despacho pero (ella) había salido

Fíjate:

1. Aquí otra vez *call* se traduce como 'ir' o 'visitar'
2. Sin embargo esta vez, y esto es importante, después de *'at'* se pone el nombre de un lugar, no de una persona como en el caso anterior.

Call for

Vamos a liarnos un poquitín más. *Call for* significa 'ir a buscar a alguien a su casa'.

Aquí se demuestra la naturaleza práctica de los ingleses. En lo que nosotros necesitamos ocho palabras, ellos dicen lo mismo en dos; simplemente cambiando la preposición de un verbo que ya tenían.

✦ ***I'll call for you tomorrow morning***
    Pasaré a buscarte mañana por la mañana

Call to

Cuando dices: *Call to James, he's late for dinner* –> Llama a James que llega tarde a cenar, la preposición '*to*' implica en inglés 'llamar a alguien a voces', vamos, meterle un grito para que venga.

Call up

Call up se traduciría como 'llamar a alguien por teléfono'.

✦ ***Call him up on the pone***
    Llámale por teléfono

Call (a secas)

'*Call*' solo también se puede utilizar con la connotación de llamar por teléfono, pero siempre teniendo en cuenta el contexto, porque si no puede llevar a confusión.

También puedes utilizar '*call*' para decir por ejemplo: 'llama un taxi para Pedro'.

Tienes dos maneras de construir esta frase en inglés:

✦ ***Call a taxi for Pedro***
            o
✦ ***Call Pedro a taxi***

Hacer preguntas con el verbo *to call*

Si quieres preguntar a un angloparlante 'cómo se llama cierta cosa en su idioma' debes decir:

✦ ***What* do you call this in English?**

Entonces recuerda: con 'call' se utiliza WHAT.

Es diferente al preguntarlo con el verbo 'to say'.

¿Cómo se dice 'cocina' en ingles?

✦ ***How* do you say 'cocina' in English?**
Con 'say' se utiliza HOW.

Parte 5: Avanzado

Las Formas Condicionales

Los tres condicionales, en realidad son cuatro. Un momento...No es que me haya vuelto loca, no. Lo que ocurre es que normalmente, nos centramos en los tres más habituales.

Pues bien, la palabra clave de hoy es '*if*'.

Y ¿qué tiene de especial esta conjunción tan cortita?

Pues resulta que será la que nos señale la condición.

Vamos a verlo por partes para no acabar locuelos...

Zero Conditional

Es el que se refiere a las verdades universales, es decir, lo que ocurre siempre que se dé esa condición.

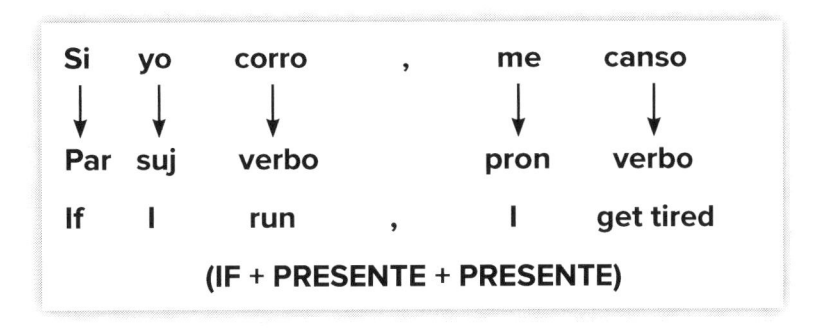

Si	yo	corro	,	me	canso
↓	↓	↓		↓	↓
Par	**suj**	**verbo**		**pron**	**verbo**
If	I	run	,	I	get tired

(IF + PRESENTE + PRESENTE)

Cada vez que corro, me canso...siempre me ocurre.

Vemos que la estructura coincide con el español. El verbo en las dos oraciones está en Presente Simple.

Este uso es parecido (y a veces se puede sustituir) por una frase subordinada que empiece por '*when*' (cuando):

✦ *When I am late, my father takes me to school*
   Cuando llego tarde, mi padre me lleva al colegio

   o

✦ *If I am late, my father takes me to school*
   Si llego tarde, mi padre me lleva al colegio

First Conditional

A este condicional también se le llama Condicional Real porque es el que usamos para hablar de hechos reales o probables que se pueden dar en el futuro.

La estructura es similar a la anterior pero le añadiremos algo nuevo: el *will* como marca de futuro.

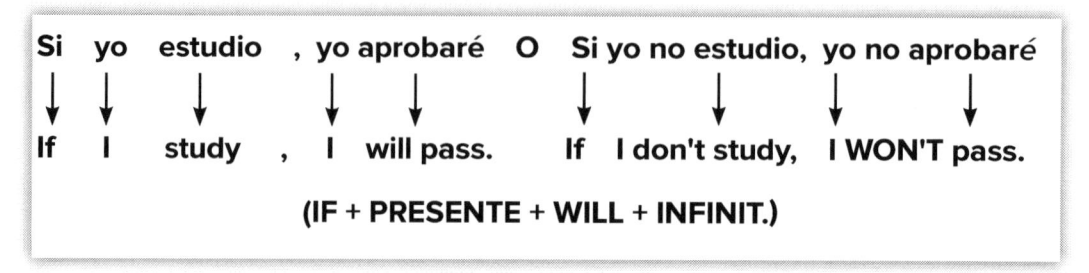

```
Si   yo   estudio  , yo aprobaré   O   Si yo no estudio,  yo no aprobaré
↓    ↓      ↓          ↓    ↓              ↓     ↓            ↓      ↓
If   I    study   ,   I  will pass.    If  I don't study,  I WON'T pass.

              (IF + PRESENTE + WILL + INFINIT.)
```

Es probable que si estudio, apruebe. Es una acción que se producirá en el futuro (el examen aún no lo he hecho).

NOTA: En el Condicional 1 generalmente usamos la preposición *unless* (a menos que).

Es decir, "a menos que se de prisa..." (*unless he hurries up*) también se puede decir: '*if he doesn't hurry up...*" (si no se da prisa...).

Veamos otros ejemplos:

✦ **If it rains, we will stay at home**
   Si llueve nos quedaremos en casa

✦ **He will arrive late unless he hurries up**
   Él llegará tarde a menos que se dé prisa

Second Conditional

Es el llamado condicional imaginario o irreal.

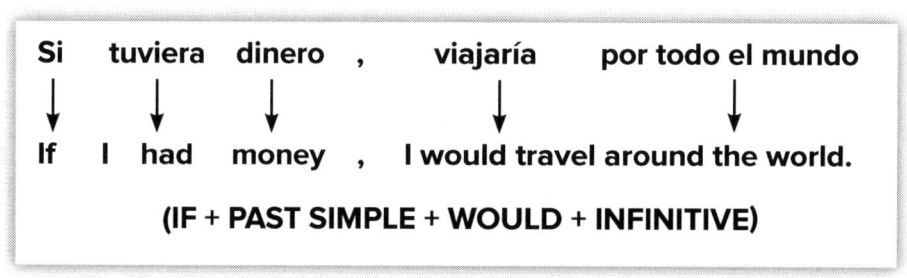

```
   Si    tuviera  dinero  ,    viajaría     por todo el mundo
   ↓       ↓        ↓            ↓               ↓
   If   I  had   money   ,   I would travel around the world.

              (IF + PAST SIMPLE + WOULD + INFINITIVE)
```

¡Ojo! ¿Qué pasa cuando el verbo que queremos emplear es el verbo 'to be'?

Recordemos que este condicional es el irreal.

A mí personalmente me gusta llamarlo el condicional de Beyoncé. Ein??

Dejad que me explique, ¿recordáis la famosa canción *If I were a boy* ♪♪ ♪ de la cantante norteamericana?

Sabemos que el verbo 'to be' en pasado es 'was' tanto para la primera como para la tercera persona del singular.

Entonces, ¿será que la cantante en cuestión, tiene también problemas con su gramática? Pues la respuesta es no.

Siempre que usemos el verbo 'to be' en el condicional, emplearemos la forma "*were*" para todas las personas.

Es la forma que tiene el inglés de dar a entender que es algo hipotético. Si Beyoncé fuera un chico (que no lo es...*as far as I know*).

Third Conditional

Al tercer condicional también se le conoce como *"The Past Conditional"* (el condicional de pretérito) porque se refiere solamente a situaciones que ocurrieron en el pasado con resultados hipotéticos. Se usa para expresar resultados hipotéticos de una situación pasada.

Veamos como funciona.

En este condicional la estructura es más larga.

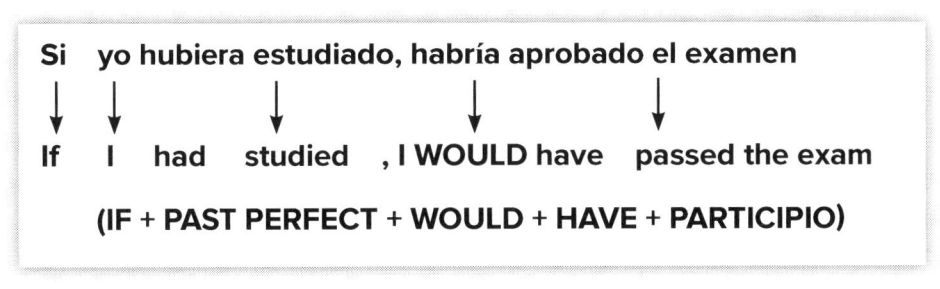

> **Si yo hubiera estudiado, habría aprobado el examen**
> ↓ ↓ ↓ ↓ ↓ ↓
> **If I had studied , I WOULD have passed the exam**
>
> **(IF + PAST PERFECT + WOULD + HAVE + PARTICIPIO)**

No aprobé ese examen en concreto y no puedo volver atrás, por eso es el condicional de imposibilidad.

Más ejemplos:

✦ ***If he had gone to your house, he would have met your friends***
Si él hubiera ido a tu casa, hubiera conocido a tus amigos.

- ***If I had studied music, now I would be a rock star***
  Si hubiera estudiado música, ahora sería una estrella del rock.

- ***If María had worked harder, she would have got a better job***
  Si María hubiera trabajado más duro, habría conseguido un trabajo mejor.

Errores habituales

Como en todos los temas de gramática, la experiencia me permite preveniros de unas cuantas cosillas a tener en cuenta. Se trata de errores habituales en los estudiantes de inglés al usar los condicionales.

1. A algunos alumnos les entran mareos tan solo con mirar la larguísima estructura del tercer condicional. Sin embargo, el tamaño no importa...o eso dicen...Normalmente, es en el primer condicional donde se suelen cometer más errores.

Y eso, ¿por qué?

Con lo cortita que es su estructura y además, si solo hay que usar el presente.... estaréis pensando.
Pues es precisamente por eso.
El Presente Simple tiene el problemilla, (o problemón, según se vea) de la famosa '-s' de la tercera persona del singular y del uso de auxiliares en la forma interrogativa y negativa.
Estos detallitos, nos pueden hacer tropezar más de una vez.

Por ejemplo:

- ***If I study, I will pass***
  Pero, ¿y si la pasamos a tercera persona del singular?

- ***If she studies, she will pass***
  ¿Y si usamos la forma negativa?

- ***If she doesn't study, she won't pass***

2. Cuidado cuando invertimos el orden de la frase condicional.
El orden de los factores no altera el producto pero puede alterarnos a nosotros.

A ver, es lo mismo decir:

- Si yo tuviera dinero, me compraría un deportivo
- Yo me compraría un deportivo si yo tuviera dinero.

Lo importante es localizar la oración del *IF* para saber en qué tiempo ha de ir. De este modo nos evitaremos, repetir el *will* o *would* en los dos lados.

3. La coma

La coma parece que es un elemento decorativo, pero lo cierto es que cumple su función.

Fijaos en el ejemplo anterior.

Si la oración condicional comienza por *if*, acordaos de poner la coma. Pero, si la oración condicional está separada por *if*, no la pondremos.

Explicado de otra manera:

Imaginaos la relación causa-efecto. Yo lo llamaré causa-resultado.

La frase que muestra la causa empieza por *if* y la que muestra el resultado no.

- ***If he comes to town, we have dinner together***
    Si él viene a la ciudad, cenamos juntos

Recuerda que esta frase también la podrías decir así:

- ***When he comes to town***...(cuando él viene a la ciudad)

Por tanto, la causa es que "él viene a la ciudad" y por eso tenemos el resultado de "cenar juntos"

Entonces, como hemos visto, el condicional 0 está formado por el uso del Presente Simple en la frase que empieza por *if* (causa). A esta causa le sigue una coma y un resultado.

También puedes poner la frase de resultado en primer lugar, pero ahí ya no pones coma.

Mira:

- ***If he comes to town, we have dinner***

    o

- ***We have dinner if he comes to town***

En el condicional 3 también nos sirve esta técnica causa-resultado y el uso de la coma. Tanto puedes decir:

- ✦ ***If Amelia had won the award, life would have changed***
    Si Amelia hubiera ganado el premio, la vida habría cambiado

Como:

- ✦ ***Life would have changed if Amelia had won the award***
    La vida habría cambiado si Amelia hubiera ganado el premio.

¿Ha quedado clarito el condicional? ;-)

La Voz Pasiva (Passive Voice)

En mis clases, cuando se trata el tema de la voz pasiva en inglés, casi siempre los alumnos reaccionan de la misma forma: "*Oh, my God!!, ¡qué complicado!*"

Así que si es vuestro caso, debéis saber lo siguiente:

1. La pasiva se forma exactamente igual que en español, pero su uso es mucho más frecuente en inglés.
2. El español la considera una construcción más formal y por eso es más común encontrarla en los medios escritos. De ahí que, a veces, no nos suena tan natural.
3. En los dos idiomas contamos con el mismo verbo auxiliar, ser/*to be*, para su construcción y mantenemos el tiempo del verbo principal.
4. El objeto directo de la voz activa pasa a ser el sujeto de la pasiva.
5. El sujeto de la pasiva se convertirá en el complemento agente que realiza la acción.
6. La acción está hecha por/*by* este agente.

Mira este ejemplo:

- **Yo como una manzana**—-> *I eat an apple.*
  Una manzana es comida por mí—--> *An apple is eaten by me.*

¿Y bien?
Después de ver todas estas similitudes, ¿a que ya no es tan fiero el león como lo pintan?

Estructura

A veces, los profes os dan una tabla en donde aparecen reflejados todos los tiempos verbales en la forma activa, y su correspondiente voz pasiva.

Aquí un ejemplo de una de las muchas tablas que existen:

ACTIVA	PASIVA
He writes a book	*A book is written*
He is writing a book	*A book is being written*
He wrote a book	*A book was written*
He was writing a book	*A book was being written*
He has written a book	*A book has been written*
He had written a book	*A book had been written*
He will write a book	*A book will be written*

Os la podéis memorizar y ya está. Sin embargo, si comprendéis su formación, no necesitaréis memorizar nada, ni depender de nada. Así que, si os atrevéis... *Follow me!*

Cómo se forma

1) Utilizaré como base para la explicación una oración súper sencilla con su versión en español:

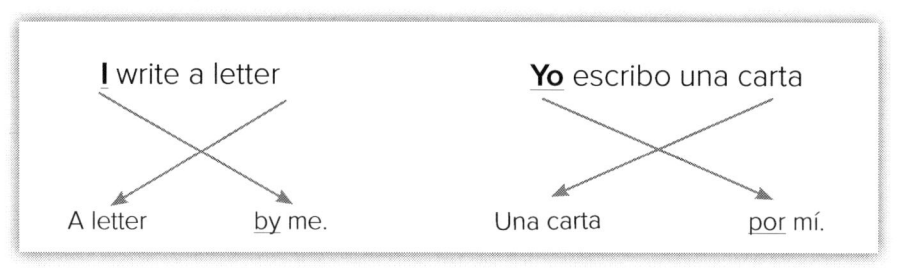

> **I** write a letter   **Yo** escribo una carta
>
> A letter   <u>by</u> me.   Una carta   <u>por</u> mí.

2) Hasta aquí todo ok, ¿no? Lo que tenía función de sujeto pasa a ser Complemento Agente. Y el Objeto Directo se convertirá en el nuevo Sujeto Paciente.

¿Y qué pasa con el verbo?

3) La pasiva se forma con el verbo *to be*/ Ser en el tiempo del verbo en activa + el participio del verbo de la activa.

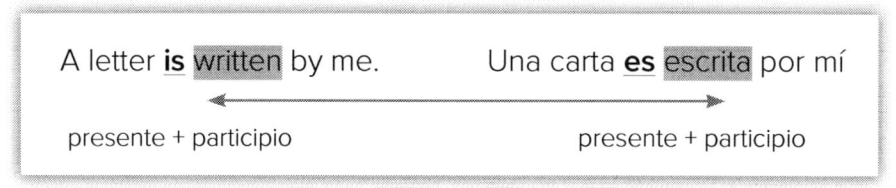

> A letter **is written** by me.   Una carta **es escrita** por mí
>
> presente + participio   presente + participio

4) Pues ahora es solo cuestión de jugar con los tiempos verbales.

Seguimos con la oración original pero iré modificando el tiempo verbal ¡Veréis qué fácil!

Con el *Past Simple*:

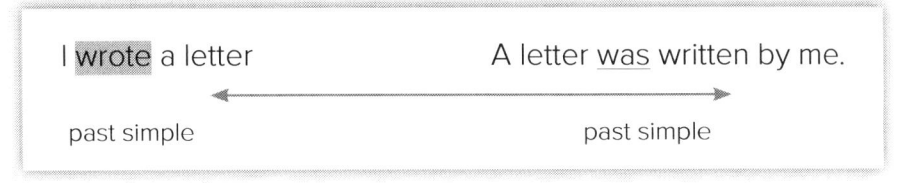

I **wrote** a letter ⟷ A letter <u>was</u> written by me.

past simple — past simple

Para los tiempos compuestos:

Formas continuas: I **am** eat**ing** an apple // I **was** eat**ing** an apple

An apple **is** be**ing** eaten by me // An apple **was** be**ing** eaten by me

**Mucho ojo con la concordancia sujeto/verbo al pasarlo a pasiva.

✦ *Two apples <u>were</u> eaten by me*

Con las formas perfectas:

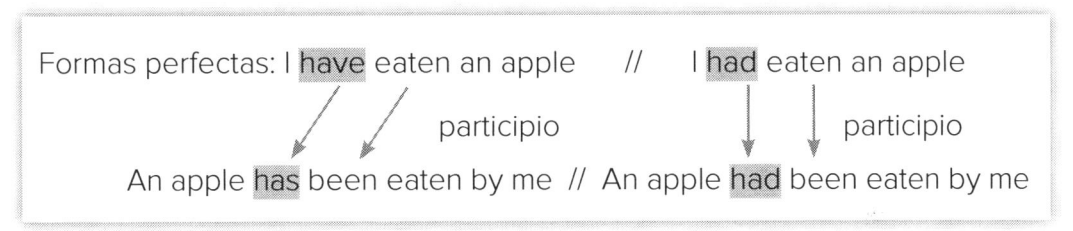

Formas perfectas: I **have** eaten an apple // I **had** eaten an apple

participio — participio

An apple **has** been eaten by me // An apple **had** been eaten by me

Con los Verbos Modales:

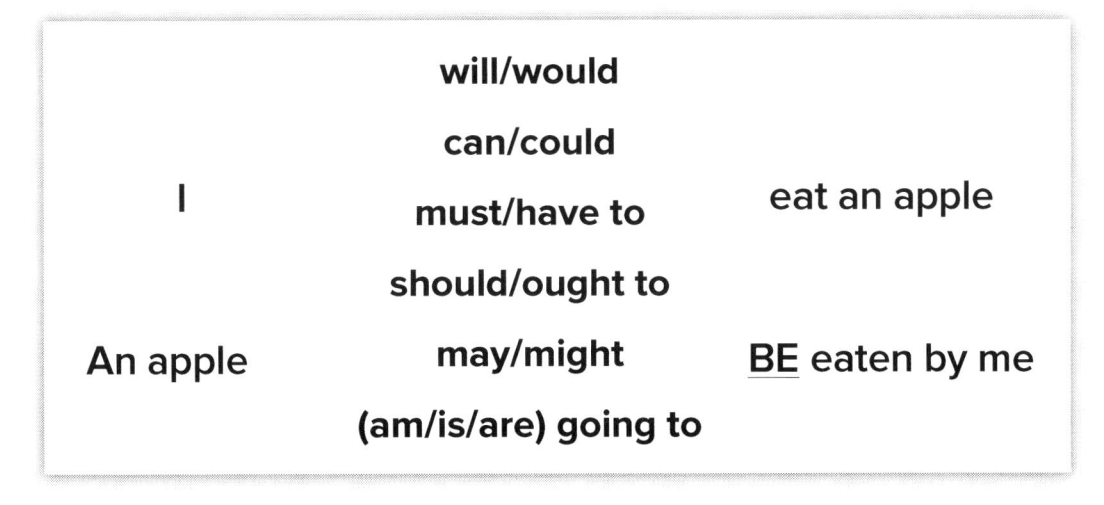

I	will/would	
	can/could	
	must/have to	eat an apple
	should/ought to	
An apple	may/might	<u>BE</u> eaten by me
	(am/is/are) going to	

Cosillas que debemos tener en cuenta

✦ Cuidado cuando en el sujeto de la activa tengamos pronombres personales.

Recordad que los pronombres cambian su forma al pasar al predicado. En el caso de la pasiva se convierten en el sujeto paciente.

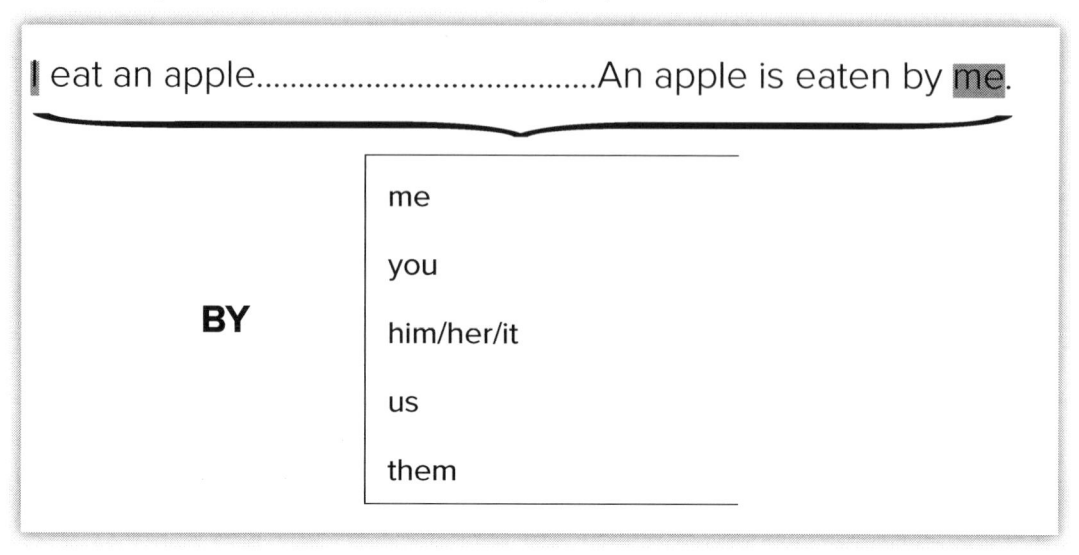

I eat an apple..............................An apple is eaten by **me**.

BY	me
	you
	him/her/it
	us
	them

✦ Hay algunos verbos que llevan doble objeto directo, por ejemplo:

– ***give something to somebody*** (dar algo a alguien)
– ***send something to somebody*** (enviar algo a alguien)
– ***show something to somebody*** (enseñar algo a alguien)

Tendríamos la posibilidad de hacerla de dos maneras diferentes,

He gave Mary a present.
***Mary* was given a present by him.**
***A present* was given to Mary (by him)**

Debemos pensar en las diferentes partes de la oración como en fichas de un juego.
Y en los juegos, a veces se mueven unas fichas y otras permanecen en su sitio. Aquí igual.

En la pasiva nuestras fichas móviles son: sujeto, verbo y objeto directo.
Todo lo demás se ha de quedar en su sitio.

Todo esto os lo digo porque a los profesores nos gusta, digamos,...despistaros un poquito...para ver si lo pilláis. Es muy frecuente que tengamos ejercicios de pasiva con oraciones larguísimas.

Don't worry! ¡Es solo una estrategia para jugar al despiste!

¡No caigáis en la trampa!

Por ejemplo:

- *I was eating an apple yesterday after my English class because I was very hungry...* (y podría seguir...)

Cómo bien sabéis, el tamaño no importa...al menos en este caso jejeje!! Solo nos debemos fijar en nuestras fichas móviles.

- *An apple was being eaten by me after my English class because I was very hungry.*

Somebody/Someone

A diferencia del español, cuando el sujeto de la oración es impersonal y comienza por: *someone, somebody,* no se utiliza el complemento agente. Sonaría ridículo decir algo así:

- *Someone stole my bag.————My bag was stolen (by somebody).*

Verbos especiales

Algunos verbos como: say, *think, believe, know, understand*, etc. pueden formar la voz pasiva de dos maneras:

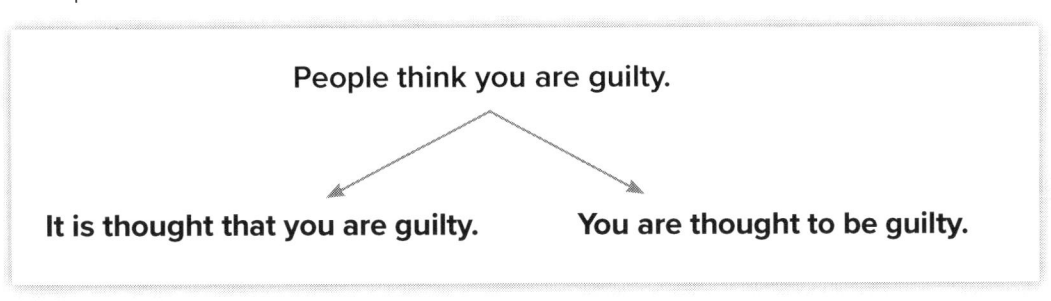

> **People think you are guilty.**
>
> **It is thought that you are guilty.**   **You are thought to be guilty.**

Pues, hasta aquí, todo lo que necesitáis saber sobre la voz pasiva.
¿A que no era para tanto? ☺

La Voz Pasiva con Verbos Modales

*Lección escrita por Frank Chavira para aprendeinglessila.com. Su blog es **frankchavira.com***

Utilizaré este espacio para explicar lo que ya de por sí es considerado un tiempo gramatical complicado: la Voz Pasiva; pero ahora con un giro inesperado, con Verbos Modales

Es momento de ponernos manos a la obra.

Algunos ejemplos de la Voz Pasiva con Verbos Modales son:

✦ *Cars must be checked before long trips.*
   Los autos deben ser revisados antes de viajes largos.

✦ *Mobile devices should be allowed in class!*
   ¡Los dispositivos móviles deberían ser permitidos en clase!

Forma Gramatical

Una vez que analices los ejemplos de Voz Pasiva te darás cuenta que no es nada del otro mundo; de hecho, lo único que cambia es que agregamos el verbo modal entre el sujeto y el verbo *"to be"*.

Este tiempo gramatical tiene tres fórmulas (o estructuras) básicas:

AFIRMATIVA	*The tickets could be bought online.* Los boletos podrían ser comprados en línea
	Sujeto + modal + be + verbo (pasado participio) + complemento.
NEGATIVA	*The tickets could not be bought online.* Los boletos no podrían ser comprados en línea
	Sujeto + modal + not + be + verbo (pasado participio) + complemento.
INTERROGATIVA	*Could the tickets be bought online?* ¿Podrían los boletos ser comprados en línea?
	Modal + sujeto + be + verbo (pasado participio) + complemento + ? (question mark)

Te menciono que en estos ejemplos solamente estamos utilizando el modal "*could*" pero lo puedes sustituir por cualquier otro (*might, may, can, should,* etc.). Lo que debes recordar es que con la Voz Pasiva siempre vas a usar el verbo *'to be'*.

¿Para qué me sirve usar verbos modales con la Voz Pasiva

Te respondo: los verbos modales sirven para modificar la intención de la oración.

No es lo mismo decir:

- ***Phones can be used in class***
  Los teléfonos pueden ser usados en clase

que decir

- ***Phones must be used in class***
  Los teléfonos deben ser usados en clase

El ejemplo 1 te da a entender que tienes permiso de usar tu teléfono si quieres; mientras que el ejemplo 2 te indica que es obligatorio usar tu teléfono en clase.

Can

'*Can*' sirve para expresar posibilidad en el presente y permisos.

- ***A song can be written in 30 minutes***
  Una canción puede ser escrita en 30 minutos

- ***Success can be obtained quickly***
  El éxito puede ser obtenido rápidamente

Might y Could

'*Might*' y '*Could*' sirven para expresar posibilidad en el presente y en el futuro.

- ***This cake could be eaten if it weren't so hot!***
  ¡Este pastel podría ser comido si no estuviera tan caliente!

- ***Flying cars might be invented soon.***
  ¡Los coches voladores podrían ser inventados pronto!

Couldn't y Can't

'Couldn't' y 'Can't' (contracciones de *cannot* y *could not*, respectivamente) expresan imposibilidad en el presente y pasado.

- ✦ ***Facebook use can't be stopped.***
  El uso de Facebook no puede ser detenido

- ✦ ***Twitter couldn't be used yesterday***
  Twitter no podía ser usado ayer

Should

'*Should*' sirve para aconsejar.

- ✦ ***Sulfuric acid shouldn't be drunk.***
  El ácido sulfúrico no debería ser bebido

- ✦ ***Music should be heard at reasonable volume.***
  La música debería ser escuchada a un volumen razonable

Have to y Must

'*Have to*' y '*Must*' expresan necesidad, falta de necesidad, necesidad fuerte, y prohibición.

- ✦ ***Animals have to be treated with respect.***
  Los animales tienen que ser tratados con respeto

- ✦ ***Exams don't have to be written.***
  Los exámenes no tienen que ser escritos

- ✦ ***Social Networks must be used carefully.***
  Las redes sociales deben ser usadas cuidadosamente

- ✦ ***Cellphones must not be used in the classroom!***
  ¡Los celulares no deben ser usados en la clase!

VERBOS ESTÁTICOS (STATIVE VERBS)

Este tipo de verbos, denominados estáticos, hacen referencia a situaciones y estados, no a actividades.

Se oponen a los dinámicos (*dynamic*) en que éstos sí indican acción.

¿Y por qué es importante distinguirlos?

Pues porque los *stative verbs* NO se usan en la forma continua.
Y cuando digo forma continua, me refiero a todos esos tiempos verbales que toman la forma en -ing para su formación (Presente Continuo, Pasado Continuo, Futuro Continuo...)

Es decir:

✦ *I **want** to eat now*

"Now": Recordemos que este adverbio de tiempo estaba ligado al uso del Presente Continuo.

Pues bien, el adverbio me indica que, en teoría, debería emplear el Presente Continuo PERO el verbo que se está empleando, *"want"*, pertenece a la lista de los verbos estáticos.

Por lo tanto, tendré que decantarme por su forma en Presente simple.

De ahí que veamos en la oración del ejemplo *"I want"* y no *"I'm wanting"*.

Así que, para evitar cometer errores, deberíamos conocer qué verbos incluimos en el listado de estáticos:

Algunos *STATIVE VERBS* comunes:

Like (gustar)	Know (saber/conocer)	Belong (pertenecer)
Love (amar)	Fit (caber)	Hate (odiar)
Seem (parecer)	Suppose (suponer)	Contain (contener)
Want (querer)	Mean (significar)	Believe (creer)
Need (necesitar)	Understand (entender)	Remember (recordar)
Own (poseer)	Appear (aparecer)	Prefer (preferir)

Para facilitaros las cosas a la hora de estudiar estos verbos los divido en:

1. **Verbos de estado**

Son ese tipo de verbos que expresan opiniones, acuerdo/desacuerdo y estados mentales:

Think, believe, agree, disagree, know, mean, understand, feel, doubt, depend, remember, seem, look (=parecer), *appear, concern, ...*

- ✦ ***Yes, I understand it now!***
    ¡Sí, ahora lo entiendo! **NO**: ~~Yes, I'm understanding it now~~

2. **Verbos que expresan gustos**
    Like, dislike, love, hate y prefer...
    - ✦ ***I don´t like horror films***
        No me gustan las pelis de miedo

3. **Verbos de percepción** (los de los 5 sentidos)
    See, hear, sound, smell, taste, imagine, recognize...
    - ✦ ***This food tastes good***
        Esta comida sabe bien

4. **Verbos de posesión**
    Have, own, possess, belong...
    - ✦ ***This book belongs to Peter***
        Ese libro pertenece a Peter

5. **Verbos que expresan necesidad**
    Need, want, wish,...
    - ✦ ***I need some help***
        Necesito ayuda

6. **Verbos que indican medida**
    Weigh, contain, ...
    - ✦ ***This bottle contains milk***
        Esta botella contiene leche

Mixtos

Hay verbos MIXTOS, es decir, pueden ser tanto estáticos como dinámicos: *have, think, see, taste, smell y be*.

Veámoslos con ejemplos:

- *You have a beautiful house*
  Tienes una casa preciosa

- *I'm having a lot of fun*
  Me lo estoy pasando muy bien

- *I think you are wrong*
  Pienso que estás equivocado

- *What are you thinking?*
  ¿En qué estás pensando?

- *I see your point of view*
  Entiendo tu punto de vista

- *I'm seeing the doctor this afternoon*
  Veré al médico esta tarde

- *This soup tastes good*
  Esta sopa sabe bien

- *I'm tasting the soup to check the salt*
  Estoy probando la sopa para comprobar la sal

- *Your perfume smells bad*
  Tu perfume huele mal

Con el verbo *to be*

- *He is rude*
  Es un grosero

Se refiere a una característica de su personalidad. Es su uso estático.

- *He is being rude*
  Está siendo grosero

No es que sea una característica habitual en él, pero ahora está comportándose de ese modo. Por lo tanto no sería un uso estático del verbo.

"I'm loving it!"

Os suena, ¿verdad?
Pues sí, se trata del archiconocido eslogan de la famosísima cadena norteamericana de comida rápida.

Muchos pensaréis, pues es cierto...*'love'* es de los estáticos.
Ni siquiera forma parte de los mixtos.

Entonces, ¿por qué el uso en su forma continua?
Pues en cierto modo, digamos que el marketing está por encima de las reglas gramaticales.

Este uso intenta resaltar básicamente la idea de su comida te encanta, la disfrutas y la estás disfrutando ahora, y siempre.

Sería un uso informal, al margen de la gramaticalidad.
Y, para darle ese valor durativo al verbo *'love'*, lo emplean en su forma continua.
Pero, repito, es solo cuestión de marketing...;-)

El Modo Subjuntivo

En torno a este tema hay una especie de leyenda urbana, muy extendida, que afirma que el subjuntivo en inglés no existe.

Digamos que lo que no existe es un modo subjuntivo tal y como lo tenemos en español.

Lo que ocurre es que la lengua inglesa se vale de ciertos tiempos verbales para dar ese matiz de subjuntivo a la oración, pero no crea unas formas verbales de subjuntivo exclusivamente.

El subjuntivo, al igual que ocurre en nuestra lengua, expresa la postura del hablante con respecto a alguien o a algo.

O dicho de otra forma, este tiempo se emplea para expresar situaciones poco probables, hipotéticas, o dudas, deseos, consejos y órdenes, entre otras.

Diferentes tiempos verbales, empleados en ciertas construcciones, actúan como formas de subjuntivo:

En presente:

- *I don't believe (that) you are here*
  No me creo que estés aquí.

- *I don't think (that) it is real*
  No creo que sea real.

- *It's possible she is there*
  Es posible que ella esté allí.

- *I suggest that he study.*
  Sugiero que estudie

En condicional:

- *If I were you, I wouldn't do that*
  Si yo fuera tú, yo no haría eso.

- *If we had better players, we would win*
  Si tuviésemos mejores jugadores, ganaríamos.

En futuro:

- *I don't think he will pass*
  No creo que apruebe.

- *I don't believe she will arrive in time*
  No creo que llegue a tiempo.

En infinitivo:

- *It is important that he be here by ten.*
  Es importante que esté aquí a las diez.

- *I insist (that) he leave right now*
  Insisto en que se marche ahora.

- *It is important (that) everyone do it*
  Es importante que todos lo hagan.

A pesar de que en los dos últimos ejemplos el sujeto es tercera persona (aunque el verbo no lleve la típica '-s' de la tercera persona), vemos como el verbo permanece invariable.

Típicas construcciones en subjuntivo:

- *I wish you were here*
  Es frecuente encontrarnos con esta frase en algunas postales: "Ojalá estuvieras aquí".

- *May he rest in peace*
  "Descanse en paz"

- *God bless you!*
  ¡Cuántas veces se lo habremos dicho a alguien que acababa de estornudar!

Literalmente, "¡Dios te bendiga!"

- *God save the Queen!*
  Típica exclamación británica para saludar a su reina. "¡Dios salve a la reina!!" (Fíjate que si no fuera en subjuntivo (es decir, indicativo), sería: *God saveS the Queen!*

Verbos con Subjuntivo

Hay algunos verbos que suelen ir seguidos del Modo Subjuntivo:

- *To advise (that)*: aconsejar
- *To ask (that)*: preguntar
- *To command (that)*: ordenar
- *To demand (that)*: exigir
- *To desire (that)*: desear
- *To insist (that)*: insistir
- *To propose (that)*: proponer
- *To recommend (that)*: recomendar
- *To request (that)*: solicitar
- *To suggest (that)*: sugerir
- *To urge (that)*: instar

Ej: *Sandra **requested** Peter come to the meeting*

Debo reconocer que este tema es de gramática inglesa avanzada.

En español, el subjuntivo para los alumnos es ese gran desconocido (incluso en su propia lengua).
Por lo tanto, es lógico que en inglés se nos haga tan difícil a los profes para explicarlo como a los alumnos para asimilarlo.

La mayoría de las construcciones son frecuentes sobre todo en el inglés escrito y suelen pertenecer a un uso más formal de la lengua.
Otras nos resultan más familiares porque son de uso frecuente.
Pero bueno, como estudiantes de inglés, debéis saber al menos que existe. ☺

LA FORMA CAUSATIVA: HAVE/GET (SOMETHING DONE)

Si estableciésemos un ranking de los aspectos gramaticales de la lengua inglesa que más traen de cabeza a los estudiantes de inglés, la *Causative Form* estaría entre las primeras.

Lo reconozco, no resulta fácil de entender ni de explicar que exista una estructura gramatical para expresar que el sujeto de una oración no es el que realiza la acción, sino que hace que ésta sea realizada por otra persona. ¡¡Buff!!

Para que me entendáis mejor, sabéis cuando decimos eso de:

"Voy a..."

- **que me arreglen el coche** (el mecánico)—*have/get my car fixed*
- **cortarme el pelo** (la peluquera)—*have/get my hair cut*
- **revisarme la vista** (el oculista)—*have/get my eyes checked*

Pues la *Causative* va en ese sentido.

Somos nosotros los que nos beneficiamos de una acción que no realizamos en persona sino que mandamos a una tercera persona a que lo haga.
Si quisiésemos aclarar quién la realiza, tan solo la añadiremos con la estructura *by...*
Aquí os dejo dos frases como ejemplo para que comparéis el significado:

- ***He repaired his car***
  Él mismo reparó su coche

- ***He had** his car **repaired (by the mechanic)***
  Él no reparó su coche. Fue el mecánico quien lo hizo

Have y *get* tienen el mismo significado. *Get* es más frecuente en el *speaking* y en las formas imperativas.

Por ejemplo: **Get your hair cut!** (Ve a cortarte el pelo)

Tiempos verbales

Hasta aquí todo puede parecer más o menos sencillo...pero todo se complica cuando hablamos de tiempos verbales.

Esta forma puede usarse en los diferentes tiempos y obviamente sigue las mismas normas de uso. Con lo cual... ¡no nos compliquemos! Si sabemos diferenciar los diferentes tiempos y sus usos, pues *no problem at all*!!

ESTRUCTURA:

*(+) They're having their windows cleaned **now**.*
*(-) They **aren't having** their windows cleaned **now**.*
*(?) **Are** they **having** their windows cleaned **now**?*

TIEMPO VERBAL	HAVE/GET SOMETHING DONE
Present Simple	I *have/get* my car *repaired*.
Past Simple	I *had/got* my car *repaired*.
Present Continuous	I'm *having/getting* my car *repaired*.
Past Continuous	I *was having/getting* my car *repaired*.
Present Perfect	I *have had* my car *repaired*.
Past Perfect	I *had had* my car *repaired*.
Will	I *will have* my car *repaired*.
Must	I *must have* my car *repaired*.
Future Continuous	I *will be having* my car *repaired*.
Future Perfect	I *will have* my car *repaired*.
Imperative	*Have* my car *repaired*!

¡ATENCIÓN!

La causativa también tiene otro uso.

Si queremos referirnos a un hecho desagradable que le ha ocurrido a alguien con alguna pertenencia, usaremos esta estructura:

Have + objeto + participio

✦ ***She had her mobile phone stolen last night.***
Le robaron el móvil anoche

Espero que ahora se os haga un poco menos cuesta arriba este tema.

Verbos seguidos de Gerundio o de Infinitivo

Muchos estudiantes de inglés tienen problemas para saber cuándo un verbo va acompañado de otro verbo en gerundio o en infinitivo, y no me extraña...para los que tenemos el español como lengua materna nos supone un lío tremendo.

Yo, incluso ahora, tras tantos años de estudiar inglés, hay veces en que dudo si tal o cual verbo va acompañado de gerundio o infinitivo y si el significado con uno o con otro varía...

Porque ahi está el quid de la cuestión, no sólo es saber si a un verbo le sigue un gerundio o infinitivo, es también aprenderse los verbos que siempre van en infinitivo, los que siempre van en gerundio, los que admiten ambas formas manteniendo su significado, los que admiten ambas formas pero cambian de significado, etc...¡¡es realmente confuso!!

Let's start!

Algunos verbos siempre van acompañados de otro verbo en gerundio:

- *I enjoy swimming*
  Difruto nadando

Y otros siempre van acompañados de otro verbo en infinitivo:

- *I decided to go with her*
  Decidí acompañarla

Vamos a verlo por partes:

Cuando usar el gerundio (-ing)

La forma del **GERUNDIO** se usa cuando:

1. **La palabra es el sujeto de una oración**
   - *Singing is fun*
     Cantar es divertido

2. **Después de una preposición:**
   - *I look forward to hearing from you*
     Espero noticias tuyas

3. **Después de ciertos verbos:**

Love I love read**ing**	**Amar/Encantar** Me encanta leer
Like I like driv**ing**	**Gustar** Me gusta conducir
Hate I hate work**ing**	**Odiar** Odio trabajar
Enjoy I enjoy meet**ing** new people	**Disfrutar** Disfruto conociendo a gente nueva
Avoid I avoid go**ing** out after 9pm	**Evitar** Evito salir después de las 9pm
Give up I can't give up smok**ing**	**Dejar de hacer algo/Abandonar** No puedo dejar de fumar
Imagine Imagine be**ing** rich	**Imaginar** Imagina (como sería) ser rico
Prefer I prefer gett**ing** up early	**Preferir** Prefiero levantarme temprano
Mind I don't mind you sitt**ing** here	**Importar** No me importa que te sientes aquí
Finish She finished writ**ing** her essay	**Finalizar** (Ella) acabó de escribir su ensayo

Cuándo usar el infinitivo (to+verb)

La forma del infinitivo se usa cuando:

1. **Sigue a un adjetivo:**
   - ✦ *I was happy to be with them*
     Estaba feliz de estar con ellos

   - ✦ *The water was too cold to swim*
     El agua estaba demasiado fría para nadar

2. **Después de adjetivo + 'enough' (suficientemente):**
   - ✦ *John is rich enough to buy ten houses*
     John es suficientemente rico como para comprar diez casas

3. **Después de ciertos verbos:**

Forget I forgot **to** buy her a present	**Olvidar** Olvidé comprarle un regalo
Help I can help you **to** cook	**Ayudar** Te puedo ayudar a cocinar
Learn I learned **to** drive in two weeks	**Aprender** Aprendí a conducir en dos semanas
Teach I can teach you **to** sum	**Enseñar** Puedo enseñarte a sumar
Agree I agree **to** pay you more	**Estar de acuerdo** Estoy de acuerdo en pagarte más
Want I want **to** leave now!	**Querer** ¡Quiero irme ahora!
Encourage He encourage me **to** keep running	**Animar** Me animó a seguir corriendo
Pretend She pretended **to** listen to me	**Aparentar/fingir** Aparentaba que me escuchaba
Promise I promise **to** read your book	**Prometer** Prometo leer tu libro
Try I tried **to** learn Chinese	**Intentar** Intenté aprender chino

Parte 6: Variadito

Cómo se forma el Gerundio en Inglés

El gerundio es una forma del verbo que demuestra una acción.
En español formamos el gerundio añadiendo al verbo los siguientes sufijos:

- "**-ando**" (saltando)
- "**-iendo**" (saliendo)
- "**-yendo**" (leyendo)

La forma del gerundio en inglés se forma simplemente añadiendo '-ing' al verbo.

Para formar el gerundio de los verbos generalmente:

1) **Añadimos "-ing" al final del verbo:**

   - *Work-Working*: Trabajar/Trabajando
   - *Sing-Singing*: Cantar/Cantando
   - *Walk-Walking*: Caminar/Caminando

2) **Cuando el verbo acaba con la letra "-e", suprimimos la "-e" y añadimos "-ing":**

   - *Come-Coming*: Venir/Viniendo
   - *Dance-Dancing*: Bailar/Bailando
   - *Smile-Smiling*: Sonreír/Sonriendo

3) **Si un verbo monosilábico (de una sola sílaba) acaba en consonante después de una vocal, doblamos la consonante (V+C=C^2):**

   - *Swim-Swimming*: Nadar/Nadando
   - *Get-Getting*: Conseguir/Consiguiendo
   - *Run-Running*: Correr/Corriendo

4) **Los verbos de dos sílabas que tienen el acento en la última sílaba también doblan la última consonante:**

   - *Begin-Beginning*: Empezar/Empezando
   - *Forget-Forgetting*: Olvidar/Olvidando
   - *Prefer-Preferring*: Preferir/Prefiriendo

Cómo se forman las *Question Tags*

Las *Question Tags* son preguntas cortas que se colocan justo después de una frase.

Mira los ejemplos:
- *You are a dentist, aren't you?*
- *Marta can use a computer, can't she?*

Para un hispanohablante parece una tontería tener que aprenderse qué son, cómo se usan y cómo se forman porque nosotros con un simple, "¿no?" lo arreglamos todo...pero decir una frase en ingles y acabarla "a la española ¡queda fataaal!

Nunca digas: **You are a teacher, no?**

Es incorrecto y suena muy pero que muy mal.
Por eso necesitamos aprender a formar correctamente *Question Tags* en su frase correspondiente.
Al principio parece un poco complicado, pero con un poco de práctica dominaremos el tema.
Pues vamos a ello.

Cuándo se usan las *Question Tags*

Las usamos, como en español, cuando no estamos seguros sobre alguna información y queremos confirmarla o corroborarla. En este caso, el tono de nuestra voz sube cuando formulamos la *Question Tag*.

Dí la siguiente frase en voz alta (en inglés y en español):

- *You passed your exam, didn't you?*
  Aprobaste el examen, ¿no?

Tanto cuando formulas la pregunta en inglés como en español, el tono de tu voz va para arriba...porque esperas una respuesta.

En cambio, cuando hacemos una pregunta retórica, de esas que no esperamos respuesta alguna, o que simplemente esperamos que la otra persona asienta en lo que decimos, el tono de voz de la *Question Tag* tiende a bajar (pasa igual en español).

Fíjate:

- **Her dress is wonderful, isn't it?**
  Su vestido es maravilloso, ¿no?

Cómo se forman

1) Lo primero que hay que tener en cuenta es que cuando una frase está en forma afirmativa, el verbo de la *Question Tag (QT)* irá en negativo.

> **She is ill, isn't she?**

Tras el verbo se le añade el pronombre personal que corresponda con el sujeto de la frase principal.
Por ejemplo, si decimos:

> **Peter and Ana are married**

la QT incluirá la forma de la tercera persona del plural en negativo (*aren't*) + "*THEY*": **aren't they?**

Vamos bien...con el verbo '*to be*' es así de fácil, pero cuidado que ahora la cosa se va complicando:

2) La regla es que formamos las QT con el verbo auxiliar de la oración principal seguido del pronombre personal que se refiere al sujeto, el problema viene cuando la oración principal NO tiene verbo auxiliar.

Mira este ejemplo:

> **Sandra asked a question, didn't she?**

¿Qué hemos hecho?

Como la frase principal está en pasado afirmativo y no contiene un verbo auxiliar, nosotros le añadimos el verbo auxiliar correspondiente.

Es decir, en el ejemplo anterior: **Sandra asked a question**, le debe seguir una pregunta.

Ya sabemos que las interrogaciones llevan siempre un verbo auxiliar:
- **En Presente Afirmativo:** *Do/Does*
- **En Presente Negativo:** *Don't/Doesn't*
- **En Pasado Afirmativo:** *Did*
- **En Pasado Negativo:** *Didn't*

por tanto, la pregunta que le siga debe llevar el auxiliar correspondiente.

Si la pregunta es afirmativa en forma pasada: *Sandra asked a question*, le añadiremos el auxiliar en negativo: *didn't*.

Parece muy complicado, pero en realidad es muy simple.
Se trata de añadir un auxiliar para crear la interrogación y ponerlo en negativo, si la frase principal es afirmativa.

Veamos otros ejemplos:

- *Ana finished her homework, didn't she?*
- *Your friends work very hard, don't they?*

Cuando la oración está en negativo, hacemos lo contrario, creamos la QT en afirmativo:

- *You didn't call me yesterday, did you?*
- *You aren't coming, are you?*

¡Pero cuidado! Hay veces en que la oración está en afirmativo gramaticalmente, pero su significado es negativo...¡no huyas cobarde!, te lo explico fácil:

Mira, es exactamente lo mismo decir:

1) *You don't have anything*

y

2) *You have nothing*

La única diferencia real está en la gramática: la frase 1) está formada en forma negativa y la frase 2) en forma afirmativa, pero las dos oraciones significan lo mismo: No tienes nada.
Por tanto, si el sentido de la frase es negativo, la *Question Tag* irá siempre en afirmativo.

Así, las QT's de ambas frases sería la misma:

> 1) **You don't have anything, do you?**
>
> 2) **You have nothing, do you?**

Por tanto, la regla es: Cuando la frase está en negativo o contiene una palabra que aporte un significado negativo a la frase (*no, never, hardly, nothing...*), la *Question Tag* irá en positivo.

> ✦ **She hardly eats anything, does she?**
> ✦ **They never go out, do they?**

Si no te ha quedado claro, vuelve a leerte este último trozo, para que podamos seguir avanzando...ya estamos a medio camino y lo más complicado ya está pasado, ¡ánimo!

La *Question Tag* correspondiente para cada tipo de frase

1) La QT de *I am* es *aren't I?*

   ✦ **I am gorgeous, aren't I?**
   Soy preciosa, ¿no?

2) La expresión *Let's* (tanto en afirmativo como en negativo) llevará la QT: *shall we?*

   ✦ **Let's go to the beach, shall we?**
   Vamos a la playa, ¿vale?

   ✦ **Let's not argue, shall we?**
   No discutamos, ¿ok?

3) Cuando el sujeto de la frase es *This / That*, en la QT usaremos el pronombre personal *it*.

   ✦ **This is an expensive shirt, isn't it?**
   Esta es una camisa cara, ¿no?

4) Con *These / Those*, en la QT usamos *they*:

   ✦ **Those are big, aren't they?**
   Esos son grandes, ¿no?

5) Con *There* (*there is / are*), también usamos *there* en la *Question Tag* en vez de un pronombre.
   - ✦ ***There aren't many people here, are there?***
     No hay mucha gente aquí, ¿verdad?

6) Con *everybody, somebody, nobody*..., en la *Question Tag* usamos *they*.
   - ✦ ***Everyone must come, mustn't they?***
     Todo el mundo debe venir, ¿no?
   - ✦ ***Somebody told you about the accident, didn't they?***
     Alguien te habló del accidente, ¿no?

7) Con *Nothing / Everything*, la QT será con el pronombre personal *it*.
   - ✦ ***Nothing is right, is it?***
     Nada está bien, ¿verdad?

(Fíjate en la norma que hemos visto arriba: esta frase es gramaticalmente positiva pero semánticamente negativa)

8) Con el imperativo (tanto en afirmativo como en negativo) la QT será siempre *will you?*
   - ✦ ***Give me that parcel, will you?***
     Dame ese paquete, ¿ok?
   - ✦ ***Don't forget to call me, will you?***
     No te olvides de llamarme, ¿eh?

9) Cuando la oración principal contiene un verbo modal, utilizaremos siempre el mismo verbo modal en la QT.
   - ✦ ***She can't dance very well, can she?***
     No sabe bailar muy bien, ¿no?
   - ✦ ***She should lose some weight, shouldn't she?***
     Debería perder algo de peso, ¿no crees?

10) Cuando *have got* es el verbo principal, formaremos la QT con *have* o *has*.
    - ✦ ***They have got two children, haven't they?***
      Tienen dos hijos, ¿no?

11) Cuando *have* es el verbo principal, formaremos la QT con *do* o *does*.
    - ✦ ***He has breakfast every morning, doesn't he?***
      Desayuna cada mañana, ¿no?

La forma del imperativo en inglés + Let's

La forma verbal del imperativo es el más fácil de aprender de todos los que hay en inglés.

Tal y como lo utilizamos en español, el imperativo lo usaremos para:

1) **Dar órdenes:**
   - *Sit down!*
     ¡Siéntate!

2) **Sugerir o invitar:**
   - *Let's have a drink*
     Tomemos una copa

3) **Indicar que no se haga algo:**
   - *Don't touch it!*
     ¡No lo toques!

Siempre se refiere a la segunda persona del singular (tú/usted) o del plural (vosotros), pero, como en español, el sujeto se omite.

Cómo se forma

Verbo en infinitivo + (Complemento)

VERBO	COMPLEMENTO
Come (*Ven*)	**here** (*aquí*)
Close (*Cierra*)	**the door** (*la puerta*)
Turn off (*Apaga*)	**the TV** (*la TV*)
Stand up (*Levántate*)	
Shut up! (*¡Cierra el pico!*)	
Go away! (*¡Lárgate!*)	

Para la forma negativa solamente se le añade '*Do not*' (*Don't*) antes del verbo:

+ **Don't close he door**
  No cierres la puerta

+ **Don't stand up!**
  ¡No te levantes!

+ **Don't be silly**
  No seas tonto

Let's

Cuando en la acción se quiere incluir a uno mismo, es decir, "nosotros" en, por ejemplo, la expresión: "¡Vámonos!" se utilizará *'Let's go!'*

'Let's' es la contracción del verbo LET + el Pronombre Objeto *'us'* (nosotros)

Hacemos un pequeño alto en el camino para recordar lo que es un *Object Pronoun* (pronombre de objeto directo), ¿ok?

Object pronoun

Ya sabemos que el *Subject Pronoun* (pronombre personal que funciona como sujeto) realiza la acción y siempre precede al verbo.

En los siguientes ejemplos, el *Subject Pronoun* (Pronombre Sujeto) será: *I, He* y *They*

+ *I love dancing*
+ *He has bought a car*
+ *They eat bananas*

Por otro lado, el *Object Pronoun* (pronombre personal que funciona como complemento) recibe la acción y siempre irá detrás del verbo.

Cómo se forma

Subject Pronoun + Verbo + Object Pronoun

PRONOMBRE SUJETO	PRONOMBRE OBJETO
I (Yo)	*me* (a mí)
You (Tú)	*you* (a ti)
He (Él)	*he* (a él)
She (Ella)	*her* (a ella)
It (Eso)	*it* (eso)
We (Nosotros)	*us* (a nosotros)
You (Vosotros)	*you* (a vosotros)
They (Ellos o Ellas)	*them* (a ellos o ellas)

Cómo se utiliza

Como puedes ver, los pronombres personales en inglés se utilizan para sustituir la parte de la frase que ya es conocida, ya sea sujeto u objeto.

Recuerda que, a diferencia del español, el sujeto en inglés no se puede omitir, así que los *Subject Pronouns* se usan muy frecuentemente.

Otra diferencia con el español es que el *Object Pronoun* siempre va detrás del verbo: "*They have it*", mientras que en español suele ir delante "*Ellos/as lo tienen*".

El *Object Pronoun* también es el pronombre que sigue a las preposiciones:

✦ ***You talk to them***
Vosotros habláis con ellos

Ahora que ya tenemos claro qué son y cómo se usan los pronombres de Objeto Directo, continuemos con *Let's*:

Cómo se forma la estructura de *Let's*

Let's + Verbo en infinitivo + (Complemento)

	VERBO INF.	COMPLEMENTO	TRADUCCIÓN
LET'S	have	lunch	*Vayamos a comer*
	work		*Vamos a trabajar*
	play	cards	*Juguemos a las cartas*
	make	a party	*Organicemos una fiesta*
	run away!		*¡Escapemos!*

*También se puede utilizar en su forma negativa:

Let's + NOT + Verbo en infinitivo + (Complemento)

En su forma negativa, en español lo traduciríamos como: "Mejor...".
Vamos a verlo con unos ejemplos:

✦ ***Let's not talk about it***
Mejor no hablemos de eso

✦ ***Let's not do that***
Mejor no hagamos eso

✦ ***Let's not eat too late***
Mejor no comamos muy tarde

✦ ***Let's not work together***
Mejor que no trabajemos juntos

CUÁNDO OMITIR EL VERBO EN INGLÉS

Existen diferentes formas de huir de la repetición verbal.
Normalmente, lo hacemos para aligerar nuestro discurso. Cuando ya se ha nombrado el verbo principal, resulta innecesario repetirlo.
Sería redundante y un tanto "cansino".

Por eso se opta por omitirlo o sustituirlo de alguna manera, siempre que no haya posibilidad de crear malos entendidos ni ambigüedades.

Veamos como:

1. **Dejando solo el auxiliar (omitimos el verbo principal)**

    + *He told me he had passed, and he hasn't* (passed)
      Me dijo que había aprobado pero no es así

    + *I can't stay now, but I can* (stay) *tomorrow*
      Hoy no me puedo quedar pero mañana sí

    + *Have you been hiking? Yes, I have* (been hiking)
      ¿Has estado de senderismo? Sí, así es

2. **Cuando hay verbos auxiliares múltiples.**
    Solo permanece el primero y omitimos los demás.

    + *She would have never known the truth. Yes she would* (have known the truth)
      Ella nunca habría sabido la verdad. Sí que lo habría sabido

    + *He hasn't been invited but I have* (been invited)
      Él no ha sido invitado pero yo sí

3. **Cuando no hay verbo auxiliar usamos *do* para sustituirlo**
    + *Do you like cheese? Yes, I do* (like cheese) ⇒Recuerda que en inglés no se contesta con un solo "yes" (sí) como en español.
      ¿Te gusta el queso? Sí

4. **En las *Question Tags***

    ✦ ***He hates summer, doesn't he?***
    Él odia el verano, ¿no es así?

    ✦ ***She didn't come yesterday, did she?***
    Ella no vino ayer, ¿cierto?

    ✦ ***You'll go to the party, won't you?***
    Irás a la fiesta, ¿no?

5. **La construcción *"do so"***

    A veces *do* (en sus diferentes formas) aparece unido a *so* con el fin de evitar repetir el verbo e incluso, el verbo y el objeto.

    ✦ ***The teacher asked me to stand up and I did so***
    El profesor me pidió que me levantara y eso hice

    ✦ ***Finish your homework! Yes mum, I'll do so in a minute.***
    ¡Acaba tus deberes! Sí mamá, lo haré en un minuto.

    Esta construcción no se puede aplicar para la sustitución de verbos que no indican acción voluntaria *(love, like, fall, think, remember...)*

    ✦ ***I love you and I always will (NO: "and I always do so")***
    Te amo y siempre te amaré

    Podemos usar esta construcción para referirnos al mismo sujeto y verbo mencionado con anterioridad.
    Comparemos estos dos ejemplos:

ej. 1:

    ✦ ***My dad always has tea for breakfast but my mum never does***
    Mi padre siempre toma té en el desayuno, en cambio mi madre nunca lo toma

(NO podemos usar la forma *"do so"* (*"but my mum never does so"*) porque aunque el verbo es el mismo, el sujeto cambia.)

En cambio...

ej. 2

- ✦ ***My dad always had tea for breakfast but he never does so now***
  Mi padre siempre tomaba té en el desayuno en cambio ya no lo toma
  (Aquí SÍ podemos usar *do so* porque sujeto y verbo coinciden)

6. **Cambio de verbo principal.**

   - ✦ ***Is he sleeping?***
   - ✦ ***No, (he is) studying***

     ¿Está durmiendo?

     No, estudiando

7. **En oraciones coordinadas**

   - ✦ ***At the party, some people were drinking, others (were) dancing***

     En la fiesta, algunas personas estaban bebiendo, otras bailando

Espero que intentéis poner en práctica algunos de estos tipos de elipsis.

Sin embargo, tengo que reconocer que resulta mucho más sencillo usar la omisión/sustitución verbal en el plano oral que en el escrito.

Supongo que se debe sobre todo a que lo hacemos de manera inconsciente y, gracias al contexto y las presuposiciones, no nos suele causar tantos problemas.

Pero a la hora de llevarlo al terreno escrito...*buff!*
Efectivamente, se requiere una cierta habilidad con el lenguaje.
Tenemos que intentarlo, en la medida de lo posible, claro.

Huyamos de la excesiva repetición. No es buena, deja entrever ciertas carencias en el manejo de la lengua, por no hablar de lo monótono que se puede hacer un texto.

Así que ya sabéis... ¡a omitir!

EXPRESAR DESEOS EN INGLÉS: *I WISH - IF ONLY*

Ahora vamos a ver cómo podemos expresar deseos o arrepentimiento en inglés con *I wish* y con *if only*.

Vamos a hablar del pasado, del presente y del futuro y vamos a aprender a expresar la esperanza en inglés...que siempre es lo último que se pierde (*Hope is last to die*)

Hablando del pasado

Cosas de las que te arrepientes de haber o no haber hecho.
Cuando quieres expresar arrepentimiento (*regret*) por algo que hiciste o por algo que no llegaste a hacer se usa la siguiente estructura:

Wish/if only + past perfect

Por ejemplo, tienes una bronca con tu madre y ahora no os habláis. Te sientes mal (estás arrepentido) porque tú provocaste la bronca.

Entonces podrías decir:

✦ ***I wish /if only I hadn't been so rude to my mother last night***

Fíjate en el uso del Pasado Perfecto en negativo (*I hadn't been*).

La traducción de la frase al español podría hacerse de diferentes maneras.
La más normal sería usar nuestra interjección "ojalá":

✦ **Ojalá anoche no hubiera sido tan grosero con mi madre**

También, dependiendo de la manera en que tú hables, podrías traducirlo como:

✦ **Desearía no haber sido tan grosero con mi madre anoche**

La forma de *if only* se traduce igual, lo que pasa es que esta última tendría una traducción literal un poco más rara estructuralmente:

✦ **Si simplemente no hubiera...**

Por tanto, *I wish* y *If only* se consideran sinónimos.

Hablando del presente

Cosas que no se han hecho realidad en el presente y cosas que pueden hacerse realidad en el futuro

En este caso, usaremos la estructura:

Wish/if only + past simple

✦ ***I wish I were/was in the Caribbean instead of being here***
   Ojalá estuviera en el Caribe en vez de estar aquí

✦ ***I wish I could speak Japanese***
   Ojalá hablara japonés

NOTA IMPORTANTE: *El uso de "were" y "was" en este tipo de frases.*
Libros antiguos de "Prescriptive Grammar" (gramática normativa) (la Prescriptive Grammar es la que nos dice cómo tenemos que usar el lenguaje, la Descriptive Grammar, como su propio nombre indica, describe cómo lo usamos)...Como iba diciendo, libros más antiguos de gramática normativa inglesa insisten que deberíamos usar la forma subjuntiva del verbo, es decir "were". Libros más modernos de Descriptive Grammar aceptan ambas formas "were" y "was" como gramaticalmente aceptables, aunque sugieren que "I wish I were" es más apropiado en contextos formales.

Presente y futuro

Ahora veremos cómo expresar el hecho de que te gustaría cambiar el estado de las cosas del presente o el futuro

Con *Wish* + Pasado

✦ ***I wish I had a motorbike***
   Ojalá tuviera una moto (es decir, no tengo ninguna)

Más ejemplos:

✦ ***I wish you weren't leaving***
   Ojalá no te fueras (pero te vas)

- *I wish I was going on holiday with you next week*
  Ojalá me fuera de vacaciones contigo la semana que viene (pero no me voy, me quedo aquí currando mientras tú te lo pasas bomba con tus amigotes en una playa virgen de Brasil)

Con Wish + Would

Would se usa cuando el que habla quiere que alguien o algo cambie

Wish/if only+ would

- *I wish he would change his mind and marry her*
  Ojalá cambiara de opinión y se casara con ella

*Recuerda esta expresión *"change one's mind"*: cambiar de opinión.

- *If only it would stop raining*
  Ojalá dejara de llover

Wish/if only+ would también se usa para hablar de hábitos o costumbres que molestan:

- *I wish my brother would wear smarter clothes*
  Me gustaría que mi hermano vistiera ropa más elegante

- *I wish you wouldn't speak so loud*
  Me gustaría que no hablaras tan alto

Para expresar esperanza se usa *hope*

Deseos sobre eventos futuros simples se expresan con el verbo *hope*

- *I hope it doesn't (won't) rain tomorrow*
  Espero que mañana no llueva

- *I hope you have a great time in Lisbon*
  Espero que te lo pases genial en Lisboa

Un par de notas (o tres) antes de acabar:

1. Con *If only* (ojalá) a menudo, como en español, se suele omitir la segunda parte de la frase porque ya se sobreentiende el sentido de la frase:

    ✦ *If only I hadn't drunk so much..., (I wouldn't have such **a a bad hangover!)***

    Si no hubiera bebido tanto... (no tendría esta resaca tan jod***)

2. *If only!* y *I wish!* se pueden usar solos como interjección con el mismo significado que usamos ¡Ojalá! en español.

    **A-*I'm going to New York for Christmas, would you like to come?*
    B-*If only!/ I wish!***
    A-Me voy a Nueva York en Navidad, ¿te vienes?
    B-¡Ojalá!/ ¡Ya me gustaría!

3. Tema que no me compete pero que lo incluyo igual, es mi libro y hago lo que quiero. Como curiosidad os diré que "Ojalá" es uno de los muchos arabismos que tenemos en español y viene de la expresión *wa shā' llah* 'quiera Dios'.

USOS Y FORMAS DEL VERBO GET

El verbo 'get' es uno de esos verbos con una multitud de significados que nos pueden volver un poco locos a los que intentamos perfeccionar nuestro inglés.

Veremos sus diferentes usos, en qué contextos y cómo se utiliza y repasaremos expresiones y colocaciones que van con este verbo.
Aparte, como ya es costumbre, nos iremos por las ramas (*we'll beat around the bush*)...

En primer lugar, recordemos:

-El pasado de 'get' es 'got'
-El participio es, en inglés británico 'got' y, en inglés americano 'gotten'.
Ambos son correctos.
-El gerundio se forma doblando la última consonante 't': 'getting'.
Ya sabemos que 'get', en su forma más 'común', y seguido de sustantivo, significa 'obtener', 'lograr' o 'conseguir'.

- *I got a new job*
  Conseguí un nuevo trabajo

Pero vamos a ver otros significados de *get* que consiguen que este verbo sea uno de los más ambiguos, retorcidos, fastidiosos y complejos del inglés.

Será que soy masoca, pero a mí me divierte y me interesa mucho analizar las variaciones y multiplicidad de un verbo tan corto.

El verbito ya es corto de por sí, pero pronunciado en el habla coloquial todavía se acorta más. En muchos acentos la 't' final se omite (o se sustituye por una '*glottal stop*' o por una 'r').

Cuando a '*get*' le sigue un adjetivo, adverbio o participio pasado, este verbo tiene la noción de pasar de un estado a otro, podría traducirse como 'convertirse'.

Fíjate que en muchos casos este verbo sirve para reproducir la reflexividad de 'se'.

Por ejemplo, 'se aburrió', '*he got bored*'.

Vamos a ver unos ejemplos interesantes de esta característica reflexiva:

- **To get tired**: Cansarse
- **To get ready**: Prepararse
- **To get bald**: Volverse/quedarse calvo
- **To get married**: Casarse
- **To get lost**: Perderse
- **To get dressed**: Vestirse
- **To get together**: Reunirse
- **To get drunk**: Emborracharse
- **To get old**: Hacerse viejo, es decir, envejecer
- **To get pregnant**: Quedarse embarazada
- **To get late:** *Hacerse tarde*

It's getting late
Se está haciendo tarde

- **To get angry**: Enfadarse

  He got so angry with Jane that he doesn't talk to her anymore
  Se enfadó tanto con Jane que ya no le habla más

- **To get a cold**: Resfriarse

  También se puede utilizar la expresión 'to catch a cold' 'pillar un resfriado'. Ambas expresiones son comunes y correctas.

Es decir, 'get' sirve para describir cambios de estado, tanto para mejor como a peor. De hecho, también 'to get better' se traduce como mejorar y 'to get worse' significa empeorar. Es muy común la expresión 'get well' (mejórate).

Vamos a ver otros significados y connotaciones de este verbo:

Get: Traer	**Get some money!** ¡Trae algo de dinero!
Get: Llegar	**I will call you as soon as I get there** Te llamaré en cuanto llegue ahí
Get: Entender, pillar	**I didn't get the joke** No entendí /pillé la broma
Get: Ganar dinero	**Joe gets $50 per hour** Joe gana $50 a la hora

Vamos a ver la forma 'Get' con en el sentido de influenciar o convencer:

Por ejemplo, *to get someone to do something* significa 'conseguir (por las buenas) que una persona haga algo'

> **My wife got me to buy a new house**
> Mi esposa me convenció para comprar una nueva casa

Fíjate en la diferencia con '*to make a person to do something*'. Si usamos '*make*' le damos el sentido de 'obligar a alguien a hacer algo':

> **He made me sweep the floor**
> Me hizo barrer el suelo

Sweep-swept-swept: barrer
* *Broom:* escoba

Como el verbo '*to give*', si le pones a '*get*' un complemento directo y uno indirecto, las construcciones se hacen así:

> **Please, get the milk for Sandra**
>
> o
>
> **Please, get Sandra the milk**

Ambas construcciones son correctas y significan: Por favor, trae/pásale la leche a Sandra.

Para acabar este temita (que tiene telita), vamos a ver algunas diferencias del uso del verbo 'get' entre el inglés americano y el inglés británico:

En inglés americano coloquial generalmente se contrae *I've got to* por *I gotta* (suena Al GORA)

> **I've got to go before midnight –> I gotta go before midnight**
> Tengo que irme antes de la medianoche.

A esta forma '*gotta*' se le llama de *relaxed pronunciation* (de pronunciación relajada).

Hay otras formas 'relajadas' muy típicas del inglés coloquial como *'wanna', 'gonna', dunno'* (*Want to, going to, I don't know* respectivamente) que son importantes a la hora de comprender a los angloparlantes.

Sólo quiero comentar otra cosita importante relativa a la diferencia entre el inglés americano y el británico con el uso del verbo *'get'*.

En el Reino Unido para decir 'tengo dos hermanos' se diría: *'I've got two brothers'* mientras que en inglés americano diríamos: *'I have two brothers'*.

USOS Y FORMAS DEL VERBO GO

Alguien que ya sepa algo de inglés sabe que *'to go'* significa 'ir', aunque este verbo se utiliza de maneras muy diferentes en inglés, y no sólo cuando va acompañado de preposición o adverbio como en el caso de los *Phrasal Verbs*.

En este capítulo vamos a ver otros usos de este verbo para no cometer esos errores típicos del hispanohablante hablando inglés.

1-El verbo *'go'* significa 'hacer'

Este verbo se puede traducir como en la idea española de 'hacer' en oraciones como:

- La canción va así...–**The song goes**...
- La vaca hace muu– **The cow goes moo**
- El cerdo hace oink-oink–**The pig goes oink-oink**

Generalmente, el error que cometemos es que traducimos estas frases literalmente del español y decimos: *the cow does moo*.

2-El verbo *'go'* significa 'caber'

Veamos, en español, en la frase 'esta carta no cabrá en ese sobre' utilizamos el verbo 'caber'.

Los ingleses no se complican tanto y usan el verbo comodín del que estamos hablando que sirve para un roto y para un 'descosio':

- *'This letter won't go into that envelope'*
  También se puede utilizar el verbo *'fit'*: **This letter won't fit in that envelope** (pero eso ya es otro capítulo...)

3-El verbo *'go'* significa 'faltar'

'To go' también se puede traducir con la idea de nuestro 'faltar' español en frases tales como:

- Faltan 99 días–**99 days to go**

4-El verbo 'go' significa 'convertir'

'To go' también se puede traducir con la connotación de 'convertir' en:

1-Cambios de color:

- **To go red** –>Ponerse rojo
- **To go pale** –> Palidecer

2- Cambios (para empeorar):

- **To go mad**–> Volverse loco
- **To go blind**–>Volverse ciego
- **To go soft**–>Ponerse blando/a...si es para empeorar, ¿a qué se referirá? ☺

Aunque no todo es para empeorar porque también puedes decir **'to go hard'

5- 'Go' como 'Phrasal Verb'

Sólo mencionaré un par de formas para no liarnos.

1-'To go on' se traduce como 'continuar':

- **The show must go on**–> El espectáculo debe continuar
- **Maria went on speaking**–>María siguió hablando

2- 'To go out with (someone)' significa 'salir con alguien', en plan de novios.

- **Sandra has been going out with Carlos since they met up last August**
  Sandra ha estado saliendo con Carlos desde que se conocieron el agosto pasado

RECAP

Entonces, resumiendo, **TO GO** puede significar:
- ✓ **Hacer**
- ✓ **Caber**
- ✓ **Faltar**
- ✓ **Convertir**
- ✓ **Cambiar**
- ✓ **Continuar**
- ✓ **Salir con alguien**

CÓMO SE USA EL VERBO *SEEM*

El verbo *seem* es el equivalente al verbo "parecer" en español.
Es decir, en inglés también lo empleamos cuando no tenemos certeza al 100% de que algo sea verdad, pero que por algún motivo, nos da esa impresión.
No es un verbo de acción. Pertenece al grupo de los *stative verbs* o verbos de estado.

Categorías de *SEEM*

Seem se puede asociar con otras categorías gramaticales como:

✓ Adjetivos: *You seem tired today* (Pareces cansado hoy —aunque quizás no lo estés—)

*Notad la diferencia cuando se usa el verbo *to be: You are tired today* (Hoy estás cansado —no hay duda de que lo estás—)

✓ **Verbos en infinitivo**:
- ✦ ***He seems to be a nice guy***
  Parece que es un buen chico
- ✦ ***The baby seems to want some water***
  El bebé parece que quiere agua

Estructuras

✓ La estructura "***seem like***" o "***seem as if***" (parece como /parece como si...)
- ✦ ***He seemed like the perfect boyfriend***
  Parecía el novio perfecto
- ✦ ***It seemed as if it was going to rain***
  Parecía como si fuera a llover

✓ Con **there**
- ✦ ***There seems to be a problem with my phone***
  Parece que le ocurre algo a mi teléfono

*Aquí os muestro unos ejemplos para que tengáis especial cuidado con no confundir singular con plural a la hora de usar *seem* con "s" o sin ella.

También fijaos en las diferentes formas con las que contamos para decir lo mismo:

Singular:

- **There is a problem with this printer**
  Hay un problema con la impresora

- **A problem seems to be affecting the printer**
  Un problema parece que está afectando a la impresora

- **There seems to be a problem affecting the printer**
  Parece que hay un problema que afecta a la impresora

- **It seems to be a problem with the printer**
  Parece que hay un problema con la impresora

Plural:

- **There are some problems with the printer**
  Hay algunos problemas con la impresora

- **Some problems seem to be affecting the printer**
  Algunos problemas parecen afectar a la impresora

- **There seem to be some problems affecting the printer**
  Parece que algunos problemas están afectando a la impresora

Negación

Existen dos formas posibles de formar la negación:

1. Anteponiendo *not* al verbo que acompaña a *seem:*
   - **He seems not to be feeling very well**
     Parece que no se encuentra muy bien

2. Negando directamente *seem* (es el uso más informal y el más frecuente)
   - **You don't seem to be worried about that**
     No parece que eso te preocupe

Diferencia de significado con los verbos *appear* y *look*

Tanto *look* como *appear* pueden usarse para referirnos a un estado observable:

- ✦ ***He appears to be worried/ He looks worried***

    Parece estar preocupado—quizás haya algo en su expresión facial o en su comportamiento que nos lleve a pensar que quizás se sienta así).

En cambio, cuando usamos *seem* lo hacemos para hablar de una impresión o percepción nuestra, en la que no necesariamente entra en juego el sujeto.

En ciertas contextos, se suelen emplear los verbos "*seem*" y "*appear*" cuando el emisor quiere dejar claro que no tiene una total certeza de algo y que así su afirmación no suena tan tajante o irrespetuosa:

- ✦ ***She seems/appears to be pregnant***

    Parece que está embarazada

La frase del día: ***Things are not always (as) what they seem*** ☺

CONTRACCIONES DE LOS VERBOS EN INGLÉS

Una contracción es una palabra o frase que ha sido ha reducida al eliminar una o más letras. En la escritura, el apóstrofe toma el lugar de las letras que faltan.

Las contracciones en inglés se usan en el lenguaje informal (en el oral más que en el escrito), aunque, en un contexto coloquial, puedes usar contracciones para escribir. Si estás escribiendo un ensayo académico, evita las contracciones a toda costa.

A continuación te pongo unas tablas de las contracciones en inglés más comunes y su pronunciación…que a veces es bastante confusa para los que no hablamos inglés como lengua materna.

To be

NORMAL	CONTR.	PRON.
I am	I'm	aɪm
He is	He's	hiːz
She is	She's	ʃiːz
It is	It's	ɪts
We are	We're	wɪə
You are	You're	jə
They are	They're	ðeə
Is not	Isn't	'ɪznt
Are not	Aren't	ɑːnt
Was not	Wasn't	'wɒznt
Were not	Weren't	wɜːnt

To have y To do

NORMAL	CONTR.	PRON.
I have (got)	I've (got)	aɪv
He has	He's	hiːz
She has	She's	ʃiːz
It has	It's	ɪts
We have	We've	wiːv
You have	You've	juːv
They have	They've	'ðeɪv
Have not	Haven't	'hævn't
Has not	Hasn't	'hæznt
I had	I'd	aɪd
You had	You'd	juːd
He had	He'd	hiːd
She had	She'd	ʃiːd
Had not	Hadn't	'hædnt

DO	CONTR.	PRON.
Do not	Don't	dəʊnt
Does not	Doesn't	'dʌznt
Did not	Didn't	'dɪdnt

Verbos Modales

NORMAL	CONTR.	PRON.
Cannot	Can't	kɑːnt
Could not	Couldn't	'kʊdnt
I would	I'd	aɪd
He would	He'd	hiːd
We would	We'd	wiːd

NORMAL	CONTR.	PRON.
They would	They'd	ˈðeɪd
Would not	Wouldn't	ˈwʊdnt
I will	I'll	aɪl
You will	You'll	juːl
He will	He'll	hiːl
She will	She'll	ʃiːl
It will	It'll	ˈɪtl
We will	We'll	wiːl
They will	They'll	ˈðeɪl
Will not	Won't	wəʊnt
Should not	Shouldn't	ˈʃʊdnt
Need not	Needn't	ˈniːdnt
Might not	Mightn't	ˈmaɪtnt
Shall not	Shan't	ʃɑːnt
Must not	Mustn't	ˈmʌsnt

Modales Perfectos

NORMAL	CONTR.	PRON.
Should have	I should've	ˈaɪ ˈʃʊdəv
Must have	I must've	ˈaɪ ˈməstɪv
Could have	Could've	kʊdəv
Would have	Would've	ˈwʊdəv

Wh-Words

NORMAL	CONTR.	PRON.
What is/has	What's	ˈwɒts
What are	What're	ˈwətə
What will	What'll	ˈwɒtl̩
Where is/has	Where's	weəz

NORMAL	CONTR.	PRON.
Who would/had	Who'd	huːd
Who will	Who'll	huːl
Who is	Who's	huːz
Who are	Who're	ˈhuːə
Who have	Who've	huːv

Notas

+ No confundas *you're* con *your*, suenan igual, pero uno es la segunda persona + el verbo *to be* y el otro es el pronombre posesivo de segunda persona.

+ No confundas *Who's* con *whose*. También suenan igual /huːz/, pero *whose* significa "de quién" o "cuyo".

+ Fíjate que la contracción de ambas formas *he is* y *he has* es la misma: *he's*. Las distinguirás por la palabra que vaya inmediatamente después.

+ Por ejemplo:

1. **He's handsome** (He is)
2. **He's kissing me** (He is) --> Gerundio
3. **He's gone out** (He has) --> Participio

   + Lo mismo pasa con *he had vs he would*, comparten la misma contracción *He'd*. Se distinguirán por el contexto de la frase.

   + *I am not* no tiene forma contraída, no puedes decir *Amn't*, no existe, por eso, para la primera persona del singular en negativo se usa *Aren't*: **I am fat, aren't I?**

   + La forma informal de decir *aren't* es *ain't*, pero ésta solo se utiliza en *speaking* en contextos informales. *Ain't* solía ser solo la forma coloquial (o vulgar) de *aren't*, pero hoy en día, puede servir para contraer casi cualquier negación.

NO PUEDO EVITARLO: *I CAN'T HELP IT*

El verbo *to help* se traduce en español como "ayudar". Por ejemplo, se usa en frases tales como

- *Help me!*
  Ayúdeme

o

- *I'll help you to learn English*
  Te ayudaré a aprender inglés

Una de las cosas que me sorprendió cuando empecé a aprender inglés fue los otros usos del verbo *help*.
Veámoslos:

Help yourself

Cuando, por ejemplo, te invitan a una cena y el anfitrión te dice: *Help yourself!*, no te está diciendo 'que te ayudes a ti mismo'; te está ofreciendo a que te sirvas tú mismo, es decir: ¡Sírvase usted mismo! (no esperes a que te sirvan).

- *Help yourself to the wine*
  Sírvase (usted mismo) el vino

- *Help yourself to the food*
  Sírvase (usted mismo) la comida

Nota que '*yourself*' va seguido de la preposición **to.

I can't help it

Otra expresión con *help* más sorprendente es *I can't help it*. "Literalmente" lo traduciríamos como "no puedo ayudarlo (a eso)", ¿no?
Porque, si seguimos las normas "lógicas", sabemos que *I can't help you* significa "No puedo ayudarte".
Sin embargo, esta expresión significa algo muy diferente; se traduce como "No puedo evitarlo".
Si quieres expresar que no puedes evitar hacer algo, utiliza la misma expresión seguida de un verbo en gerundio (acabado en -ing), por ejemplo:

- ✦ ***I can't help laughing***
    No puedo evitar reírme

O en pasado

- ✦ ***I couldn't help crying***
    No pude evitar llorar

*Un último apunte:

I can't help myself significa "No puedo contenerme"

¿USAMOS BIEN EL VERBO *'FORGET'* EN INGLÉS?

El verbo *'forget'* (olvidar) es de aquellos verbos fáciles que todos nos sabemos pero que muchas veces los hispanohablantes lo utilizamos mal porque lo traducimos literalmente del español al inglés.

Por ejemplo, en español se puede utilizar la frase 'Me olvidé el libro en casa de Jaime', pero en inglés esta construcción no funciona.

Sí se puede decir:

✦ ***I forgot my book***
Se me olvidó el libro

Es perfectamente correcto en inglés, sin embargo, si especificas DÓNDE se te olvidó el libro, ya no se suele utilizar el verbo *'forget'*, sino que utilizaremos el verbo *'to leave'*:

✦ ***Joana left her book at home*** —Joana se olvidó el libro en casa.

vs

✦ ***Joana forgot her book at home*** -Joana olvidó su libro, ...aunque no sabemos dónde (y además el 'dónde' aquí no es importante, lo que importa es 'que se le olvidó y no lo trajo').

Expresiones con el verbo *'forget'*

1. Forget (about) it!

Decimos *Forget it!* o *Forget about it!* con el mismo sentido que lo haríamos en español, en plan: ¡Olvídalo! o ¡Déjalo ya!

Claro, aquí depende del tono que utilices estarás enfadado, harto, fastidiado o resignado. *Forget it!*

2. Forget one's manners

✦ ***Have you forgotten your manners?***

Traducido literalmente como "¿Te has olvidado de tu educación?".

Por ejemplo, estás en una cena de empresa en la que quieres impresionar a tu jefe no te pondrás a mojar pan, ¿no?... alguien podría decirte: *Have you forgotten your manners?*

En otros círculos sociales uno puede utilizar la expresión *'to forget oneself'* (literalmente: olvidarse de uno mismo) para referirse a lo anterior, a la educación.

Por ejemplo si una madre le dice a su hijo: *Don't forget yourself!*, le está pidiendo que sea educado. Pongo el ejemplo de madre a hijo porque es una expresión parecida a nuestro 'Pórtate bien', bastante condescendiente.

**Aquí quiero hacer un apunte (un 'irme por las ramas' de esos tan típicos míos)

La palabra 'condescendiente' se traduce como '*patronizing*' (AmeE) (o *patronising*-BrE-) y se pronuncia /ˈpætrənaɪzɪŋ/. Bien, pues es una palabra muy utilizada en inglés, muchísimo más común que nuestro 'condescendiente' español.

El verbo '*to patronize*' significa: 'tratar con aparente amabilidad pero con un sentimiento de superioridad'.

Puedes escuchar a adolescentes diciendo: *Stop patronizing me, dad!* como diciendo "¡Deja de tratarme como a un niño!" O a empleados quejándose de que su jefe les está '*patronizing*'.

Recuerda y aprende a pronunciar este verbo *to patronize*, porque, aunque suene raro y difícil, este verbo se usa muy frecuentemente en el idioma inglés, tanto en situaciones formales como informales.

Ahora que ya me he ido por las ramas, voy a acabar con el verbo '*forget*'.

3. Forgive and Forget

Quiero acabar con esta expresión que también utilizamos bastante en español: '*forgive and forget*' (Perdona y olvida). Se suele usar en imperativo.

Por ejemplo, le estás hablando a una amiga y quieres que perdone a su novio por algo que hizo. Le podrías decir algo así:

✦ ***Ana, he didn't do it on purpose, forgive and forget***
Ana, (él) no lo hizo a propósito, perdona y olvida

Diferencia entre SEE, LOOK y WATCH

Ahora os explicaré la diferencia entre los verbos *see, look y watch*...porque son de aquellas palabrejas que nos traen un poco de cabeza a los que no tenemos el inglés como lengua materna.

Pero, la verdad, es que es muy facilito, solo hace falta prestar un poco de atención a lo que se dice y en que contexto.

En realidad, la diferencia entre estos tres verbos radica en cuál es tu intención al mirar y en la intensidad con que miras.

See

Algo que ves "*see*", es algo que no puedes evitar ver..."Me giré y lo vi delante de la puerta" (**I saw him**)...simplemente pasó...estaba ahí.

Look

Cuando usas "*look*", sí tienes la intención de "ver algo": "**This morning I looked at the newspaper**"= Tenía la intención.

Watch

Con "*watch*", tenemos la intención de mirar "*look*", pero además lo hacemos con intensidad, generalmente porque lo que miramos está en movimiento: "**I watched the movie**"= Quieres ver la película, la miras con interés, por tanto, como está en movimiento: "**You are watching it**".

Para que quede más claro, fíjate en la foto y lo que nos indican las flechitas:

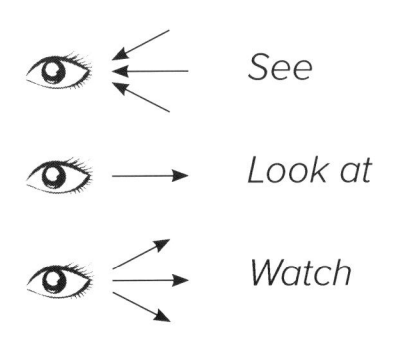

👁 ⬅ *See*

👁 ➡ *Look at*

👁 ↗↘ *Watch*

Diferencia entre REMEMBER, REMIND y RECALL

Tanto "*remember*", como "*remind*" como "*recall*", en español lo traducimos como recordar, pero ¿cómo y cuándo se utilizan cada uno de ellos?

Remind

A la gente se le recuerda (*remind*) algo que ha olvidado:

+ *I reminded my daughter of her best friend's birthday*
  Le recordé a mi hija el cumpleaños de su mejor amiga

Es decir, si le "*remind*" algo a alguien, les estás haciendo recordar algo. Entonces, como puedes comprobar, *remind* es un verbo transitivo siempre lleva un complemento directo que va seguido de:

1. **Un verbo en infinitivo, por ejemplo:** *to go*
   + *I reminded John to go to class*
     Le recordé a John que tenía que ir a clase

2. **Una frase subordinada que empieza por "*that*" (que):**
   + *I reminded John that he had to go to class.*
     Se traduce igual que la frase de arriba. En ambas frases "John" es el complemento directo.

Veamos más ejemplos para tenerlo clarito:

+ *Remind me to send Fran a present*
  Recuérdame que le envíe un regalo a Fran

+ *I reminded them that we are no longer living in California*
  Les recordé (a ellos) que ya no vivimos en California

Me recuerda a...

También puedes utilizar *remind* para decir que alguien o algo te recuerda a algo, es decir que asocias algo con un recuerdo del pasado:

- *That man reminds me of my grandad*
  Ese hombre me recuerda a mi abuelo

- *His house reminds me of yours*
  Su casa (de él) me recuerda a la tuya.

Remember

"*If you remember something*" es que algo te viene a la cabeza.

Remember puede ser usado como verbo transitivo o como verbo intransitivo (no acepta complemento directo). También se utiliza con un verbo en infinitivo con "*to*" y con frases subordinadas que empiezan por *when* (cuando), *where* (donde) y *that* (que).

Mira los ejemplos:

1. **Con complemento directo:**
   - *Do you remember our first date?*
     ¿Recuerdas nuestra primera cita?

2. **Frase subordinada con "*when*":**
   - *Do you remember when we went to Santo Domingo?*
     ¿Recuerdas cuando fuimos a Santo Domingo?

3. **Frase subordinada con "*where*":**
   - *I can't remember where I left my glasses*
     No recuerdo donde dejé mis gafas

4. **Frase subordinada con "*that*":**
   - *I remembered that I had a meeting*
     Recordé que tenía una reunión

5. **Frase con *to*-infinitivo:**
   - *Remember to pick me up*
     Recuerda pasar a recogerme

Recall

Recall también significa recordar pero tienen otra connotación.

Si tú *"recall something"* significa que recuerdas algo que verbalizas.

Por ejemplo:

- ✦ ***During dinner my uncle recalled his travels around the world***
  Durante la cena mi tío recordó sus viajes alrededor del mundo

As far as I can recall significa: por lo que recuerdo (puedo recordar):

- ✦ ***As far as I can recall, you said you wouldn't come to the party***
  Por lo que recuerdo, dijiste que no vendrías a la fiesta

Repasillo a lo visto

A la gente se le recuerda (*remind of*) algo que ha olvidado

- ✦ ***I reminded my daughter of her best friend's birthday***
  Le recordé a mi hija el cumpleaños de su mejor amiga

No puedes decir: I remembered my daughter of...

Pero sí puedes decir:

- ✦ ***Rememeber that today is Ana's birthday***
  Recuerda que hoy es el cumpleaños de Ana

- ✦ ***I rememebered that Sunday was Ana's birthday, I'm going to remind it my daughter***
  Me acordé que el domingo fue el cumpleaños de Ana, voy a recordárselo a mi hija

Mira este diálogo para ver estos verbos en contexto:

Susana: *Oh my god! I've just remembered I had to call Maria.*
Carla: *Oh, THAT REMINDS ME that I had to call Peter.*
Susana: *Do you remember Maria's telephone number?*
Carla: *No, but I'm trying to remember.*

Expresión "ring a bell"

Ya que estamos con "recordar" vamos a ver una expresión relacionada con estos verbos.

Para decir que algo te suena o no te suena, en inglés se utiliza la expresión "*ring a bell*".

Se dice que el origen de esta expresión viene de los experimentos que Iván Pávlov hacía con perros:

"Pavlov, médico ruso, observó casualmente que a los perros que tenía en su laboratorio, les bastaba oír los pasos de la persona que les traía la comida para comenzar a salivar y a segregar jugos gástricos; es decir, parecía que los perros habían aprendido a anticipar la comida. Pavlov comenzó a estudiar este intrigante fenómeno y se preguntó si cualquier otro estímulo, por ejemplo el sonido de una campana, podía provocar la salivación si se unía a la presentación de la comida. ¡Y así fue! Tras varios días repitiéndose la secuencia sonido de la campana-presentación de la comida, el perro comenzó a salivar sólo con escuchar el sonido de la campana, AUNQUE NO HUBIERA COMIDA." (El perro de Pavlov-Lidia González)

Ejemplos con esta expresión:

- ✦ ***I've never met Charlie Parker, but his name rings a bell***
  No conozco a Charlie Parker, pero su nombre me suena

- ✦ ***Does the surname Whitman ring a bell? No, it doesn't ring a bell***
  ¿Te suena el apellido Whitman? No, no me suena.

No digas *Ring my bell*...No sé porque muchos hispanohablantes decimos: *It doesn't ring my bell* (WRONG) en vez de decir: *It doesn't ring a* **bell, que es lo correcto.

Diferencia entre SAY y TELL

A veces nos cuesta diferenciar entre los verbos *say* y *tell* en inglés y los usamos aleatoriamente, ahí donde nos suene mejor.

Aquí vamos a ver cómo y cuándo se utilizan cada uno de ellos.

Se usa 'say'

1. En estilo directo, mencionando las palabras textuales, entre comillas:

   ✦ *He said: "I'm hungry"*
   Dijo: "tengo hambre"

En caso de mencionar a la persona a quien se dirige uno, se emplea la preposición '*to*':

   ✦ *He said to me: "I'm hungry"*
   Me dijo: "tengo hambre"

2. En el estilo indirecto (*Reported Speech*) contando lo que ha ocurrido pero sin mencionar a la persona a quien nos dirigimos:

   ✦ *Mary said she was thirsty*
   Mary dijo que tenía sed

*El complemento directo después de este verbo siempre debe llevar "to":

   ✦ *I said to him...*
   Le dije...

En caso de llevar dos complementos, uno directo y otro indirecto, el directo siempre precederá al indirecto con '*to*':

   ✦ *I said a few words to her*
   Le dije algunas palabras

Se usa 'tell'

1. En estilo indirecto (al contar lo que ha ocurrido) y mencionando a la persona a quien uno se dirige:
   + ***He told me he was angry***
   Me dijo que estaba enfadado

2. Con el significado de 'contar' (una historia, un cuento, etc...)
   + ***Tell me a story***
   Cuéntame un cuento

3. Con la connotación de 'decirle a alguien que haga algo'
   + ***He told me to jump***
   Me dijo que saltara

4. ***Tell from:*** diferenciar
   + ***Can you tell a cat from a tiger?***
   ¿Puedes diferenciar un gato de un tigre?

*También se usa con la palabra '*difference*':
   + ***Can you tell the difference between my mother and my sister?***
   ¿Eres capaz de diferenciar a mi madre de mi hermana?

5. Con **dos complementos** se pueden hacer las siguientes **combinaciones**:
   + ***Tell him a story***
   + ***Tell a story to him***
   Ambas frases significan 'cuéntale un cuento'

Otro ejemplo:
   + ***Tell George a story***
   + ***Tell a story to George***

6. En forma pasiva
   + ***I was told to come as soon as posible***
   Me dijeron que viniera lo antes posible

7. Con el sentido de 'decir' (mandar) que alguien haga algo. En este caso, después de *tell* va la persona a quien se manda y después el verbo se introduce con '*to*':
   + ***I told Tania to come***
   Le dije a Tania que viniera

8. **Tell on**: chivarse
   + *I'll tell on you when dad comes back*
     Me chivaré cuando papa vuelva

9. **Tell off**: regañar
   + *The teacher told me off*
     El profesor me regañó

Collocations

SAY	Español	TELL	Español
Hello	Hola	*The truth*	La verdad
Good morning	Buenos días	*A lie*	Una mentira
Something/nothing	Algo/nada	*A story*	Una historia
So	If you say so (Si tú lo dices)	*A secret*	Un secreto
A prayer	Una oración (rezo)	*A joke*	Un chiste
A few words	Unas palabras	*The time*	La hora
No more	No digas más	*The difference*	La diferencia

Fíjate en el uso de ambos verbos en la siguiente frase:

+ *You must either tell the truth or say nothing*
  Debes decir la verdad o callar

Y otra cosita...

Es diferente decir:

+ *You shouldn't tell that to your mother*
  No deberías contarle eso a tu madre

A decir

+ *You shouldn't say that to your mother*
  No deberías decirle eso a tu madre (algo grosero)

Uff!! Vaya lío, ¿no?

Un buen repasillo a lo leído y nos quedará clarísmo...***If you say so***... (si tú lo dices...) :-p

USOS VARIOS DEL VERBO COME

Resulta difícil de entender que si un verbo tiene un significado, por qué a veces lo traducimos de otra manera cuando va acompañado de alguna preposición... eso ya lo hemos visto...son los llamados *Phrasal Verbs*.

Ya muchos de vosotros los conocéis. Y sí, lo sé...os entran los siete males con tan solo mencionarlos.

Es que cuando creíamos que nos sabíamos la lista de verbos irregulares, con sus significados incluidos, nos vinieron con eso de los verbos frasales y nos rompieron los esquemas.

Asumámoslo, es un reto más y también podremos con él.

Ahora nos centraremos en los principales usos de '*come*'.

Pero antes de comenzar, he de asegurarme de que está claro este aspecto:

Diferencia de uso entre "*come*" y "*go*"

El problema no está en saber diferenciar sus significados sino en aplicar la forma verbal correcta.

A veces no resulta nada fácil escoger el correcto.

Veamos unos ejemplos:

> - "*Come here, please!*"
> -"*Ok, I'm going!*"
> "¡Ven aquí, por favor!"
> - "Vale, ya voy!"
> - *We went to visit you here yesterday but you weren't at home*
> Ayer fuimos a visitarte pero no estabas en casa

- **TIP:** Si lo vemos como movimiento, lo entenderemos mejor:

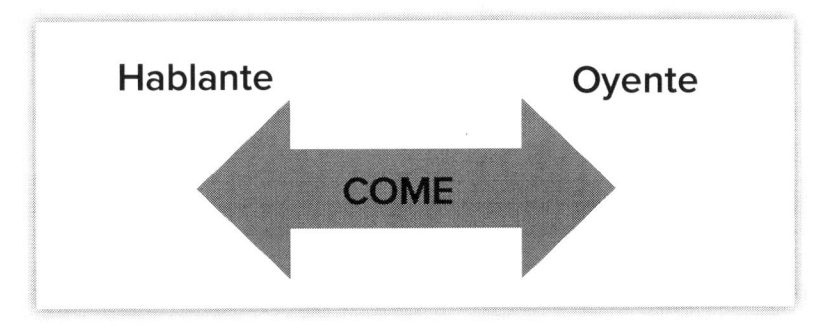

Hablante ⟵ COME ⟶ Oyente

Con 'come' el movimiento es hacia el lugar donde esté el hablante o el oyente. En cambio, con 'go' el movimiento va en direcciones diferentes.

- ✦ ***Let's go and visit your Friends***
  Vayamos a visitar a tus amigos
- ✦ ***Go away!***
  ¡Vete!
- ✦ ***He went to the cinema yesterday***
  Ayer fue al cine

Principales usos de "come"

1. **Venir**
   Cuando una persona o cosa se mueve hacia un lugar o un tiempo específico.
   - ✦ ***She came just to say hi***
     Ella vino solo para saludar

   - ✦ ***Come here now!***
     ¡Ven aquí ahora!

2. **Llegar**

   Para referirnos a un hecho que sucede en un momento/época determinada.
   - ✦ ***The time has come for us to leave***
     Ha llegado el momento de marcharnos

   - ✦ ***Spring has come***
     La primavera ha llegado

3. **Alcanzar**
   Para referirnos a que alguien o algo ha llegado a un estado concreto.
   - ✦ ***There comes a point in your life where you realize who matters***
     Llega/alcanzas un momento en la vida en que te das cuenta de quién importa

4. **Estar disponible**
   - ✦ ***This shirt comes in different sizes and colours***
     Esta camisa viene/está disponible en diferentes tallas y colores

5. **Llegar a la conclusión**
   + *When I saw it, I came to the conclusion that I was completely wrong*
   Cuando lo vi, llegué a la conclusión de que estaba totalmente equivocado

6. **¿Cómo es posible?/¿Por qué?**
   En preguntas, para conocer la causa de algo:
   + *How come you are the only one who didn't know it?*
   ¿Cómo es posible que seas la única persona que no lo sabía?

7. **Ocupar una posición**
   En competiciones o en listas.
   + *He came first in the race*
   Él llegó en primera posición en la carrera

8. **Llegar al orgasmo/correrse**
   En lenguaje coloquial
   + *They came at the same time*
   Los dos se corrieron a la vez

Phrasal Verbs con 'come'

To come across: Encontrarse con algo/alguien por casualidad.
   + *While I was walking down the street I came across Peter*
   Mientras iba caminando por la calle me encontré con Peter

To come away: Alejarse de algo
   + *I had to come away otherwise I would have ended up shouting at him*
   Tuve que marcharme si no, hubiera acabado gritándole

To come back: Volver
   + *I had to come back to get my keys*
   Tuve que volver para recoger mis llaves

To come from: Indica el lugar de procedencia
   + *Where do you come from? I'm from Germany*
   ¿De dónde eres? De Alemania

To come on: Usado para animar: ¡Venga! ¡Vamos!
- ***Come on! You can make it!***
  ¡Venga, puedes lograrlo!

To come out: Salir a la luz/salir publicado
- ***Eventually, the truth came out***
  Finalmente la verdad salió a la luz

To come up to someone/something: Acercarse a alguien
- ***A stranger came up to her and insulted her***
  Un extraño se acercó a ella y la insultó

Diferencia entre los verbos DO y MAKE en inglés

Ambos verbos *'do'* y *'make'* se traducirán al español como "hacer", por eso necesitamos darle un repasillo a su significado y *collocation* (unidades fraseológicas, es decir, qué palabras van con otras sí o sí).

La teoría es que *'to do'* se traduce al español como 'ejecutar', 'llevar a cabo' (expresa acción), mientras que *'to make'* tendría más la connotación de 'fabricar' (suele implicar el uso de materiales)...pero...aquí viene el problemilla:

En inglés existen una serie de frases corrientes que se construyen siempre con *'to do'* y otras que siempre van con *'make'* y, algunas de ellas no se traducirían al español como 'hacer'.
Por ejemplo *'to do the dishes'* sería en español 'lavar los platos' y *'to make a mistake'* se traduciría como 'cometer un error'.

Os paso dos listas de las *collocations* más frecuentes en inglés con *'to do'* y *'to make'* para que podáis, en un simple vistazo, ver qué va con qué.

Con el verbo TO DO

INGLÉS	PRONUNCIACIÓN	ESPAÑOL
To do a favour	tə də ə ˈfeɪvə	Hacer un favor
To do a job	ə dʒɒb	Hacer un trabajo
To do a number	ə ˈnʌmbə	Hacer un numerito
To do a talk	ə ˈtɔːk	Hacer una presentación oral o dar una conferencia
To do an exercise	ən ˈeksəsaɪz	Hacer un ejercicio
To do an experiment	ən ɪkˈsperɪmənt	Hacer un experimento
To do evil	ˈiːvl̩	Hacer (el) mal
To do good	gʊd	Hacer (el) bien
To do harm	hɑːm	Lastimar
To do homework	ˈhəʊmwɜːk	Hacer los deberes
To do housework	ˈhaʊswɜːk	Hacer las tareas del hogar

INGLÉS	PRONUNCIACIÓN	ESPAÑOL
To do justice	ˈdʒʌstɪs	Hacer justicia
To do little	ˈlɪtl̩	Hacer poco
To do much	ˈmʌtʃ	Hacer mucho
To do one's best	wʌnz best	Hacer lo mejor posible
To do some exercise	səm ˈeksəsaɪz	Hacer ejercicio (físico)
To do some work	səm ˈwɜːk	Trabajar
To do something	ˈsʌmθɪŋ	Hacer algo
To do the shopping	ðə ˈʃɒpɪŋ	Hacer la compra
To do the washing-up o to do the dishes	ðə ˌwɒʃɪŋ ˈʌp – ðə ˈdɪʃɪz	Lavar los platos
To do well	wel	Hacerlo bien

Con el verbo TO MAKE

INGLÉS	PRONUNCIACIÓN	ESPAÑOL
To make a bet	tə ˈmeɪk ə ˈbet	Hacer una apuesta
To make a cake	ə keɪk	Hacer un pastel
To make a cancellation	ə ˌkænsəˈleɪʃn̩	Cancelar algo
To make a complaint	ə kəmˈpleɪnt	Hacer una queja
To make a decision	ə dɪˈsɪʒn̩	Tomar una decisión
To make a fortune	ə ˈfɔːtʃuːn	Hacer una fortuna
To make a hole	ə həʊl	Hacer un agujero
To make a list	ə lɪst	Hacer una lista
To make a mistake	ə mɪˈsteɪk	Cometer un error
To make a noise	ə nɔɪz	Hacer ruido
To make a proposal	ə prəˈpəʊzl̩	Hacer una propuesta
To make a speech	ə spiːtʃ	Hacer un discurso
To make a suggestion	ə səˈdʒestʃən	Hacer una sugerencia
To make a wish	ə wɪʃ	Pedir un deseo

To make an appointment	ən ə'pɔɪntmənt	Organizar una cita/reunión
To make an effort	ən 'efət	Hacer un esfuerzo
To make an exception (for)	ən ɪk'sepʃn̩ fɔ:	Hacer una excepción
To make an investment	ən ɪn'vestmənt	Hacer una inversión
To make an offer	ən 'ɒfə	Hacer una oferta
To make certain	'sɜːtn̩	Asegurarse
To make faces	'feɪsɪz	Hacer muecas
To make fun of	fʌn ɒv	Hacer burla de
To make money	'mʌni	Hacer dinero
To make plans	plænz	Hacer planes
To make progress	prə'gres	Hacer progresos
To make tea	tiː	Preparar té
To make the bed	ðə bed	Hacer la cama
To make use of	'juːs ɒv	Hacer uso de
To make war	wɔː	Hacer la guerra

Parte 7: Apéndice

Cuadro/Resumen de los tiempos verbales en inglés

TIEMPO VERBAL	AFIRMACION	NEGACION	INTERROGACION
Present Simple	They have a house (Ellos) tienen una casa	They don't have a house	Do they have a house
Present Continuous	He's studying now (Él) está estudiando ahora	He isn't studying now	Is he studying now?
Past Simple	They watched a film (Ellos) vieron una pelicula	They didn't watch a film	Did they watch a film?
Past Continuous	It was raining Estaba lloviendo	It wasn't raining	Was it raining?
Present Perfect	You have read this book Has leído este libro	You haven't read this book	Have you read this book?
Present Perfect Continuous	He has been working hard (Él) ha estado trabajando duro	He hasn't been working hard	Has he been working hard?
Past Perfect	She had eaten sushi (Ella) había comido sushi	She hadn't eaten sushi	Had she eaten sushi?
Past Perfect Continuous	She had been waiting for him (Ella) había estado esperándolo	She hadn't been waiting for him	Had she been waiting for him?
Future Simple	He will go to the office (Él) irá a la oficina	He won't go to the office	Will he go to the office?
Future Continuous	We will be travelling Estaremos viajando	We won't be travelling	Will we be travelling?
Future Perfect	He will have arrived (Él) habrá llegado	He won't have arrived	will he have arrived?
Future Perfect Continuous	You will have been working Habrás estado trabajando	You won't have been working	Will you have been working?
Future "be going to"	They are going to be married (Él) irá a la oficina	They aren't going to be married	Are they going to be married?

LISTA DE VERBOS IRREGULARES

ESPAÑOL	INGLÉS (Infinitivo)	Pron.	PASADO	Pron.	PARTICIPIO	Pron.
Acelerar	Speed	spiːd	Sped	sped	Sped	sped
Celebrar	Hold	həʊld	Held	held	Held	held
Agarrarse	Cling	klɪŋ	Clung	klʌŋ	Clung	klʌŋ
Alimentar	Feed	fiːd	Fed	fed	Fed	fed
Apestar	Stink	stɪŋk	Stank/ Stunk	stæŋk stʌŋk	Stunk	stʌŋk
Apostar	Bet	'bet	Bet	'bet	Bet	'bet
Apoyarse	Lean	liːn	Leant	lent	Leant	lent
Aprender	Learn	lɜːn	Learnt / Learned	lɜːnt/lɜːnd	Learnt / Learned	lɜːnt ◇ lɜːnd
Arrastrarse	Creep	kriːp	Crept	krept	Crept	krept
Arrodillarse	Kneel	niːl	Knelt	nelt	Knelt	nelt
Arrojar	Cast	kɑːst	Cast	kɑːst	Cast	kɑːst
Tirar	Throw	'θrəʊ	Threw	θruː	Thrown	'θrəʊn
Atar, encuadernar	Bind	baɪnd	Bound	baʊnd	Bound	baʊnd
Barrer	Sweep	swiːp	Swept	swept	Swept	swept
Beber	Drink	drɪŋk	Drank	dræŋk	Drunk	drʌŋk
Brillar	Shine	ʃaɪn	Shone	ʃɒn	Shone	ʃɒn
Saltar	Leap	liːp	Leapt	lept	Leapt	lept
Buscar	Seek	siːk	Sought	'sɔːt	Sought	'sɔːt
Caer	Fall	fɔːl	Fell	fel	Fallen	'fɔːlən
Cantar	Sing	sɪŋ	Sang	sæŋ	Sung	sʌŋ
Cavar	Dig	dɪg	Dug	dʌg	Dug	dʌg
Cerrar	Shut	ʃʌt	Shut	ʃʌt	Shut	ʃʌt
Coger	Catch	kætʃ	Caught	'kɔːt	Caught	'kɔːt
Coger	Take	teɪk	Took	tʊk	Taken	'teɪkən
Colgar	Hang	hæŋ	Hung	hʌŋ	Hung	hʌŋ

ESPAÑOL	INGLÉS (Infinitivo)	Pron.	PASADO	Pron.	PARTICIPIO	Pron.
Columpiarse, balancearse	Swing	swɪŋ	Swung	swʌŋ	Swung	swʌŋ
Comer	Eat	iːt	Ate	et	Eaten	'iːtn̩
Comprar	Buy	baɪ	Bought	'bɔːt	Bought	'bɔːt
Conducir	Drive	draɪv	Drove	drəʊv	Driven	'drɪvn̩
Guiar	Lead	liːd	Led	led	Led	led
Mantener	Keep	kiːp	Kept	kept	Kept	kept
Correr	Run	rʌn	Ran	ræn	Run	rʌn
Cortar	Cut	kʌt	Cut	kʌt	Cut	kʌt
Coser	Sew	səʊ	Sewed	səʊd	Sewed / Sewn	səʊd <> səʊn
Costar	Cost	kɒst	Cost	kɒst	Cost	kɒst
Crecer	Grow	grəʊ	Grew	gruː	Grown	grəʊn
Criar	Breed	briːd	Bred	bred	Bred	bred
Dar	Give	gɪv	Gave	geɪv	Given	gɪvn̩
Dar zancadas	Stride	straɪd	Strode	strəʊd	Stridden	'strɪdn̩
Decir	Say	'seɪ	Said	'sed	Said	'sed
Decir	Tell	tel	Told	təʊld	Told	təʊld
Dejar	Leave	liːv	Left	left	Left	left
Deletrear	Spell	spel	Spelt	spelt	Spelt	spelt
Derramar	Spill	spɪl	Spilt / Spilled	spɪlt /spɪld	Spilt / Spilled	spɪlt/spɪld
Despertarse	Awake	ə'weɪk	Awoke	ə'wəʊk	Awoken	ə'wəʊkən
Despertarse	Wake	weɪk	Woke	wəʊk	Woken	'wəʊkən
Dibujar	Draw	drɔː	Drew	druː	Drawn	drɔːn
Disparar	Shoot	ʃuːt	Shot	ʃɒt	Shot	ʃɒt
Doblar	Bend	bend	Bent	bent	Bent	bent
Dormir	Sleep	sliːp	Slept	slept	Slept	slept
Echarse	Lie	laɪ	Lay	leɪ	Lain	leɪn
Edificar	Build	bɪld	Built	bɪlt	Built	bɪlt
Elegir	Choose	tʃuːz	Chose	tʃəʊz	Chosen	'tʃəʊzən

ESPAÑOL	INGLÉS (Infinitivo)	Pron.	PASADO	Pron.	PARTICIPIO	Pron.
Empezar	Begin	bɪˈgɪn	Began	bɪˈgæn	Begun	bɪˈgʌn
Empezar (un proyecto)	Undertake	ˌʌndəˈteɪk	Undertook	ˌʌndəˈtʊk	Undertaken	ˌʌndəˈteɪkən
Encender, iluminar	Light	laɪt	Lit	lɪt	Lit	lɪt
Encogerse	Shrink	ʃrɪŋk	Shrank	ʃræŋk	Shrunk	ʃrʌŋk
Encontrar	Find	faɪnd	Found	faʊnd	Found	faʊnd
Encontrarse con	Meet	miːt	Met	met	Met	met
Enrollar	Wind	wɪnd	Wound	wuːnd	Wound	wuːnd
Enseñar	Teach	tiːtʃ	Taught	tɔːt	Taught	tɔːt
Entender	Understand	ˌʌndəˈstænd	Understood	ˌʌndəˈstʊd	Understood	ˌʌndəˈstʊd
Enviar	Send	send	Sent	sent	Sent	sent
Equivocar	Mistake	mɪˈsteɪk	Mistook	mɪˈstʊk	Mistaken	mɪˈsteɪkən
Escribir	Write	ˈraɪt	Wrote	rəʊt	Written	ˈrɪtn̩
Escupir	Spit	spɪt	Spat	spæt	Spat	spæt
Esquilar	Shear	ʃɪə	Shore	ʃɔː	Shorn	ʃɔːn
Estar en pie	Stand	stænd	Stood	stʊd	Stood	stʊd
Estropear	Spoil	spɔɪl	Spoilt / Spoiled	spɔɪlt/spɔɪld	Spoilt / Spoiled	spɔɪlt/spɔɪld
Extender	Spread	spred	Spread	spred	Spread	spred
Ganar	Win	wɪn	Won	wʌn	Won	wʌn
Gastar	Spend	spend	Spent	spent	Spent	spent
Golpear	Beat	biːt	Beat	biːt	Beaten	ˈbiːtn̩
Golpear	Hit	hɪt	Hit	hɪt	Hit	hɪt
Golpear	Strike	straɪk	Struck	strʌk	Struck	strʌk
Haber o Tener	Have	hæv	Had	hæd	Had	hæd
Hablar	Speak	spiːk	Spoke	spəʊk	Spoken	ˈspəʊkən
Hacer	Do (Does)	də dʌz	Did	dɪd	Done	dʌn
Hacer	Make	ˈmeɪk	Made	ˈmeɪd	Made	ˈmeɪd
Hacer punto, tejer	Knit	nɪt	Knit	nɪt	Knit	nɪt
Helar	Freeze	friːz	Froze	frəʊz	Frozen	ˈfrəʊzən

ESPAÑOL	INGLÉS (Infinitivo)	Pron.	PASADO	Pron.	PARTICIPIO	Pron.
Partir / rajar	Split	splɪt	Split	splɪt	Split	splɪt
Herir	Hurt	hɜ:t	Hurt	hɜ:t	Hurt	hɜ:t
Hilar	Spin	spɪn	Spun	spʌn	Spun	spʌn
Hinchar	Swell	swel	Swelled	sweld	Swollen	'swəʊlən
Huir	Flee	fli:	Fled	fled	Fled	fled
Hundir	Sink	sɪŋk	Sank	sæŋk	Sunk	sʌŋk
Introducir	Thrust	'θrʌst	Thrust	'θrʌst	Thrust	'θrʌst
Ir	Go (Goes)	gəʊ gəʊz	Went	'went	Gone	gɒn
Jurar, decir tacos	Swear	sweə	Swore	swɔ:	Sworn	swɔ:n
Leer	Read	ri:d	Read	ri:d	Read	ri:d
Levantarse, subir	Rise	raɪz	Rose	rəʊz	Risen	'rɪzn̩
Llamar	Ring	rɪŋ	Rang	ræŋ	Rung	rʌŋ
Convertirse	Become	bɪ'kʌm	Became	bɪ'keɪm	Become	bɪ'kʌm
Llevar puesto	Wear	weə	Wore	wɔ:	Worn	wɔ:n
Llorar	Weep	wi:p	Wept	wept	Wept	wept
Luchar	Fight	faɪt	Fought	'fɔ:t	Fought	'fɔ:t
Mojar	Wet	wet l	Wet	wet	Wet	wet
Moler	Grind	graɪnd	Ground	graʊnd	Ground	graʊnd
Montar	Ride	raɪd	Rode	rəʊd	Ridden	'rɪdn̩
Morder	Bite	baɪt	Bit	bɪt	Bitten	'bɪtn̩
Mostrar	Show	ʃəʊ	Showed	ʃəʊd	Shown	ʃəʊn
Nadar	Swim	swɪm	Swam	swæm	Swum	swʌm
Obtener	Get	'get	Got	'gɒt	Got / Gotten	'gɒt/'gɒtn̩
Ocultar	Hide	haɪd	Hid	hɪd	Hidden	'hɪdn̩
Oír	Hear	hɪə	Heard	hɜ:d	Heard	hɜ:d
Oler	Smell	smel	Smelt	smelt	Smelt	smelt
Olvidar	Forget	fə'get	Forgot	fə'gɒt	Forgotten	fə'gɒtn̩
Pagar	Pay	peɪ	Paid	peɪd	Paid	peɪd
Pegar (con pegamento)	Stick	stɪk	Stuck	stʌk	Stuck	stʌk

ESPAÑOL	INGLÉS (Infinitivo)	Pron.	PASADO	Pron.	PARTICIPIO	Pron.
Pensar	Think	'θɪŋk	Thought	'θɔːt	Thought	'θɔːt
Perder	Lose	luːz	Lost	lɒst	Lost	lɒst
Perdonar	Forgive	fəˈgɪv	Forgave	fəˈgeɪv	Forgiven	fəˈgɪvn̩
Permitir	Let	let	Let	let	Let	let
Picar (insecto)	Sting	stɪŋ	Stung	stʌŋ	Stung	stʌŋ
Aplastar	Tread	tred	Trod	trɒd	Trodden	'trɒdn̩
Extender	Lay	leɪ	Laid	leɪd	Laid	leɪd
Poner	Put	'pʊt	Put	'pʊt	Put	'pʊt
Poner, colocar, etc	Set	set	Set	set	Set	set
Prestar	Lend	lend	Lent	lent	Lent	lent
Prohibir	Forbid	fəˈbɪd	Forbade	fəˈbæd	Forbidden	fəˈbɪdn̩
Pujar	Bid	bɪd	Bid	bɪd	Bid	bɪd
Quemar	Burn	bɜːn	Burnt / Burned	bɜːnt bɜːnd	Burnt / Burned	bɜːnt/bɜːnd
Radiar	Broadcast	'brɔːdkɑːst	Broadcast	'brɔːdkɑːst	Broadcast	'brɔːdkɑːst
Rasgar	Tear	'tɪə	Tore	'tɔː	Torn	'tɔːn
Resbalar	Slide	slaɪd	Slid	slɪd	Slid	slɪd
Retirarse	Withdraw	wɪðˈdrɔː	Withdrew	wɪðˈdruː	Withdrawn	wɪðˈdrɔːn
Reventar	Burst	bɜːst	Burst	bɜːst	Burst	bɜːst
Robar	Steal	stiːl	Stole	stəʊl	Stolen	'stəʊlən
Romper	Break	breɪk	Broke	brəʊk	Broken	'brəʊkən
Saber Conocer	Know	nəʊ	Knew	njuː	Known	nəʊn
Sacudir	Shake	ʃeɪk	Shook	ʃʊk	Shaken	'ʃeɪkən
Saltar	Spring	sprɪŋ	Sprang	spræŋ	Sprung	sprʌŋ
Sangrar	Bleed	bliːd	Bled	bled	Bled	bled
Sembrar	Sow	səʊ	Sowed	səʊd	Sowed / Sown	səʊd/səʊn
Sentarse	Sit	sɪt	Sat	sæt	Sat	sæt
Sentir	Feel	fiːl	Felt	felt	Felt	felt

ESPAÑOL	INGLÉS (Infinitivo)	Pron.	PASADO	Pron.	PARTICIPIO	Pron.
Ser / Estar	Be/ am, are, is	bi æm I ɑ: I ɪz	Was / Were	wɒz /wɜ:	Been	bi:n
Significar	Mean	mi:n	Meant	ment	Meant	ment
Soñar	Dream	dri:m	Dreamt / Dreamed	Dremt/ dri:md	Dreamt / Dreamed	Dremt/ dri:md
Soplar, explotar	Blow	blɔʊ	Blew	blu:	Blown	blɔʊn
Soportar, parir	Bear	beə	Bore	bɔ:	Borne / Born	bɔ:n /bɔ:n
Sudar	Sweat	swet	Sweat	swet	Sweat	swet
Sufrir	Undergo	ˌʌndəˈgəʊ	Underwent	ˌʌndəˈwent	Undergone	ˌʌndəˈgɒn
Surgir, Levantarse	Arise	əˈraɪz	Arose	əˈrəʊz	Arisen	əˈrɪzn̩
Tejer	Weave	wi:v	Wove	wəʊv	Woven	ˈwəʊvən
Torcer	Wring	rɪŋ	Wrung	rʌŋ	Wrung	rʌŋ
Traer Llevar	Bring	brɪŋ	Brought	ˈbrɔ:t	Brought	ˈbrɔ:t
Tratar	Deal	di:l	Dealt	delt	Dealt	delt
Vencer, superar	Overcome	ˌəʊvəˈkʌm	Overcame	ˌəʊvəˈkeɪm	Overcome	ˌəʊvəˈkʌm
Vender	Sell	sel	Sold	səʊld	Sold	səʊld
Venir	Come	kʌm	Came	keɪm	Come	kʌm
Ver	See	ˈsi:	Saw	ˈsɔ:	Seen	ˈsi:n
Volar	Fly	flaɪ	Flew	flu:	Flown	fləʊn

LISTA DE 200 *PHRASAL VERBS*
INGLÉS-ESPAÑOL

PHRASAL VERB	PRONUNCIA-CIÓN	TRADUCCIÓN	Ejemplo
Ask *someone* **out**	ɑːsk 'sʌmwʌn aʊt	Pedirle salir/una cita a alguien	*Tom asked Janet out to dinner.* Tom le pidió salir a Janet.
Back *someone* **up**	'bæk 'sʌmwʌn ʌp	Apoyar/respaldar	*My family always backs me up in my decisions.* Mi familia siempre me apoya en mis decisiones.
Blow up	bləʊ ʌp	(Hacer) explotar	*The bomb might blow up if someone touches it.* Puede que la bomba explote si alguien la toca.
Blow *something* **up**	bləʊ 'sʌmθɪŋ ʌp	Hinchar/inflar	*The little boy blew up lots of balloons for his birthday party.* El niño infló un montón de globos para su fiesta de cumpleaños.
Break down	breɪk daʊn	Averiarse	*Sorry I'm late! My car broke down o my way to work.* Siento el retraso. Se me averió el coche de camino al trabajo.
Break down	breɪk daʊn	Derrumbarse emocionalmente	*He broke down in tears when he heard the bad news.* Se echó a llorar cuando se enteró de las malas noticias.
Break in	breɪk ɪn	Forzar la entrada	*Somebody **broke in** our house last night.* Alguien forzó la entrada de nuestra casa anoche.
Break up	breɪk ʌp	Acabar con una relación	*My boyfriend and I broke up two months ago.* Mi novio y yo rompimos hace dos meses.
Break out	breɪk aʊt	Escapar de prisión	*The prisoners broke out from prison.* Los presos escaparon de la prisión.
Break out	breɪk aʊt	Surgir de manera inesperada	*Panic broke out suddenly.* De pronto cundió el pánico.

PHRASAL VERB	PRONUNCIACIÓN	TRADUCCIÓN	Ejemplo
Break through	breɪk θruː	Atravesar un obstáculo	*The thief broke through the crowded street.* El ladrón se abrió paso entre la multitud.
Bring *something* **back**	brɪŋ ˈsʌmθɪŋ ˈbæk	Devolver/volver a traer algo	*Remember to bring your books back to the school library.* Recordad devolver los libros a la biblioteca del colegio.
Bring *someone* **down**	brɪŋ ˈsʌmwʌn daʊn	Entristecer	*Every time I listen to this song, it brings me down.* Cada vez que escucho esta canción, me pongo triste.
Bring *someone* **up**	brɪŋ ˈsʌmwʌn ʌp	Criar	*I was born in London but I was brought in Madrid.* Nací en Londres pero me crié en Madrid.
Bring *something* **up**	brɪŋ ˈsʌmθɪŋ ʌp	Mencionar algo	*The boss brought up an important issue at the meeting.* El jefe mencionó un asunto importante en la reunión.
Call *someone* **back**	kɔːl ˈsʌmwʌn ˈbæk	Devolver la llamada	*I can't speak right now. I will call you back later.* Ahora no puedo hablar. Te volveré a llamar más tarde.
Call *something* **off**	kɔːl ˈsʌmθɪŋ ɒf	Cancelar	*The match was called off.* El partido se canceló.
Call on *someone*	kɔːl ɒn ˈsʌmwʌn	Visitar a alguien	*I'm going to call on some friends in London.* Voy a Londres a visitar a unos amigos.
Call *someone* **up**	kɔːl ˈsʌmwʌn ʌp	Telefonear a alguien	*She used to call me up in the middle of the night.* Ella solía telefonearme de madrugada.
Call out	kɔːl aʊt	Hablar en un tono elevado	*The teacher was calling out our names so that we could all listen.* La profesora exclamaba nuestros nombres para que todos la oyésemos.
(Not) care for *someone/ something*	nɒt keə fə ˈsʌmwʌn ˈsʌmθɪŋ	No interesar/ no gustar	*I don't **care for** football.* No me interesa el fútbol.
Care for *someone*	keə fə ˈsʌmwʌn	Cuidar a alguien	*I'm caring for my ill grandma.* Cuido a mi abuela enferma.

PHRASAL VERB	PRONUNCIACIÓN	TRADUCCIÓN	Ejemplo
Carry on	ˈkæri ɒn	Continuar haciendo algo	*Carry on with your work in silence!* Continuad con vuestro trabajo en silencio.
Carry out	ˈkæri aʊt	Hacer/llevar a cabo	*He carried out an experiment.* Llevó a cabo un experimento.
Catch on to	kætʃ ɒn tuː	Comprender/Entender	*Although he knew nothing about the lesson, he caught on very quickly.* Aunque no sabía nada de la lección, no tardó en entenderlo todo.
Catch up	kætʃ ʌp	Ponerse a la altura de/alcanzar el ritmo de	*The teacher told me I'll have to work very hard if I wanted to catch up with the rest of my classmates.* La profesora me dijo que debía estudiar mucho si quería llegar al nivel de mis compañeros.
Check in	tʃek ɪn	Registrarse en un hotel/aeropuerto	*After we checked in, we looked for the boarding gate.* Después de registrarnos, buscamos la puerta de embarque.
Check something out	tʃek ˈsʌmθɪŋ aʊt	Fijarse en algo (porque vale la pena)	*Check out that car!! It's awesome!!* ¡Fíjate en ese coche! ¡Es genial!
Cheer up	tʃɪər ʌp	Alegrar(se)	*She cheered up when she knew she had passed all her exams.* Ella se allegro mucho cuando supo que había aprobado sus exámenes.
Chop up	tʃɒp ʌp	Cortar en pedazos (con un cuchillo/hacha)	*The cooked chopped up some bananas.* El cocinero troceó unos plátanos.
Chip in	tʃɪp ɪn	Contribuir con (económica, ayuda)	*All the students chipped in 5 euros and bought the teacher a present.* Cada estudiante colaboró con 5 euros para comprarle un regalo al profesor.
Clean something up	kliːn ˈsʌmθɪŋ ʌp	Recoger	*You must **clean up** your bedroom if you want to watch TV.* Tienes que recoger tu habitación si quieres ver la tele.
Come across something/someone	kʌm əˈkrɒs ˈsʌmθɪŋ ˈsʌmwʌn	Encontrar algo/a alguien por casualidad	*I came across my lost earring while I was sweeping the floor.* Encontré por casualidad mi pendiente mientras barría.

PHRASAL VERB	PRONUNCIACIÓN	TRADUCCIÓN	Ejemplo
Come along	kʌm ə'lɒŋ	Marchar	*Everything is coming along perfectly well.* Todo marcha perfectamente.
Come along	kʌm ə'lɒŋ	Acompañar	*Come along with me to the bus stop.* Acompáñame a la parada del bus.
Come around	kʌm ə'raʊnd	Hacer una visita	*You must come around to visit next week.* Tienes que venir a hacernos una visita la próxima semana.
Come from somewhere	kʌm frəm 'sʌmweə	Ser originario de	*She is from Denmark.* Ella es de Dinamarca.
Count on *someone/ something*	kaʊnt ɒn 'sʌmwʌn 'sʌmθɪŋ	Contar con alguien	*You can count on me.* Puedes contar conmigo.
Cry out	kraɪ aʊt	Chillar/gritar	*She cried out in pain.* Chillaba de dolor.
Cut back on *something*	kʌt 'bæk ɒn 'sʌmθɪŋ	Reducir el consumo	*I must cut back on sugary drinks if I want to lose some weight.* He de reducir la ingesta de bebidas azucaradas si quiero perder peso.
Cut *something* **down**	kʌt 'sʌmθɪŋ daʊn	Talar	*They cut the oldest tree in the forest.* Talaron el árbol más longevo del bosque.
Cut back	kʌt 'bæk	Reducir la cantidad	*He has cut back on drinking.* Redujo el consumo de alcohol.
Cut *something* **off**	kʌt 'sʌmθɪŋ ɒf	Cortar el suministro	*The gas company cut me off.* Me cortaron el gas.
Cut *something* **out**	kʌt 'sʌmθɪŋ aʊt	Recortar	*I cut this ad out of the newspaper.* Recorté este anuncio del periódico.
Deal with	diːl wɪð	Tratar	*He deals with difficult customers every day.* Trata con clientes difíciles a diario.
Die away	daɪ ə'weɪ	Difuminarse/ desvanecerse	*The strange sound died away.* El extraño ruido se desvaneció.
Do *something* **up**	də 'sʌmθɪŋ ʌp	Abrochar/atar/ Subirse	*Do up your zipper!* ¡Súbete la cremallera!

PHRASAL VERB	PRONUNCIACIÓN	TRADUCCIÓN	Ejemplo
Do without	də wɪðˈaʊt	Prescindir de	*I can't do without my mobile.* No puedo prescindir de mi móvil.
Dress up	dres ʌp	Vestirse de manera formal	*We must dress up for a formal event.* Tenemos que ir bien vestidos para un evento formal.
Drop in	drɒp ɪn	Acudir sin cita previa	*I might drop in for a while next week.* Puede que pase un rato por tu casa la próxima semana.
Drop *someone/ something* **off**	drɒp ˈsʌmwʌn ˈsʌmθɪŋ ɒf	Llevar a alguien a un sitio y dejarlo allí	*I have to drop my mum off at the doctor before I go to work.* Tengo que llevar a mi madre al médico antes de ir a trabajar.
Drop out	drɒp aʊt	Dejar de ir/abandonar	*I dropped out of the German class because I couldn't catch up with the level.* Abandoné las clases de alemán porque no podía alcanzar el nivel.
Eat out	iːt aʊt	Comer fuera de casa	*She is a terrible cook that's why she eats out quite often.* Es una mala cocinera, por eso a menudo come fuera.
End up	end ʌp	Terminar/acabar	*We ended up going to my house instead of going to the disco.* Acabamos yendo a mi casa en vez de ir a la disco.
Face up to	feɪs ʌp tuː	Aceptar/asumir (situación difícil)	*She faced up to it bravely* Ella lo asumió con valentía.
Fall down	fɔːl daʊn	Caerse	*He fell down the ladder while he was painting.*
Fall for	fɔːl fɔː	Enamorarse/Sentirse atraído por alguien	*He fell for a girl who is in my class.* Se enamoró de una chica que está en mi clase.
Fall out of (love)	fɔːl aʊt əv lʌv	Dejar de amar	*My girlfriend broke up with me because she said she had fallen out of love.* Mi novia rompió conmigo porque ya no me quería.
Fasten up	ˈfɑːsn ʌp	Abrochar	*Fasten up your seatbelts.* Abróchense los cinturones

Figure *something* **out**	ˈfɪɡə ˈsʌmθɪŋ aʊt	Encontrar la respuesta/ averiguar	*I need to figure out if a crime happened here.* Necesito averiguar si aquí ocurrió un delito.
Fiddle about/ around	ˈfɪdl̩ əˈbaʊt əˈraʊnd	Estar perdiendo el tiempo	*He began to fiddle around taking silly pictures.* Iba por ahí sacando fotos tontas.
Fight back	faɪt ˈbæk	Contraatacar	*The victim shouldn't have fought back.* La víctima no debería haber contraatacado.
Fill *something* **in**	fɪl ˈsʌmθɪŋ ɪn	Rellenar huecos (con información)	*Fill in the blanks with the correct tense of the verb in brackets.* Rellene los huecos con la forma correcta del verbo.
Find *something* **out**	faɪnd ˈsʌmθɪŋ aʊt	Descubrir/ averiguar	*We don't know what happened but we will find it out.* No sabemos lo que sucedió pero lo averiguaremos.
Finish off	ˈfɪnɪʃ ɒf	Terminar completamente	*I have to finish off the report before I leave.* Tengo que terminar el informe antes de marcharme.
Finish with	ˈfɪnɪʃ wɪð	Terminar una relación	*He finished with his girlfriend* Ha roto con su novia.
Fire off	ˈfaɪər ɒf	Disparar/ bombardear (balas/preguntas/ emails...)	*The audience fired off questions to the spokesperson.* La audiencia acosaba a preguntas al portavoz.
Fit in	fɪt ɪn	Encajar en un grupo	*With your attitude, you will never fit in here.* Con tu actitud, nunca encajarás aquí.
Fix up *something*	fɪks ʌp ˈsʌmθɪŋ	Restaurar/ arreglar algo	*I will have to fix up the car.* Tendré que arreglar el coche.
Flip out	flɪp aʊt	Ponerse como loco/perder la cabeza	*Suddenly, he flipped out and started screaming.* De pronto, enloqueció y empezó a chillar.
Fool around	fuːl əˈraʊnd	Tontear/estar enrollado con	*He is fooling around with almost all the girls in the office.* Tontea con casi todas las chicas de la oficina

Freak out	friːk aʊt	Cabrearse/asustar	*I freaked out when I realized he had lied.* Se cabreó cuando se dio cuenta de que le había mentido.
Get *something* **across**	ˈget ˈsʌmθɪŋ əˈkrɒs	Comunicarse/transmitir	*I tried to get my ideas across but he wouldn't listen.* Intentó transmitir sus ideas pero él no las escucharía.
Get ahead of	ˈget əˈhed ɒv	Tomar la delantera	*The cat was faster and got ahead of the dog.* El gato era más rápido y tomó la delantera al perro.
Get along/on	ˈget əˈlɒŋ ɒn	Llevarse bien/congeniar	*I get on well with my ex.* Me llevo bien con mi ex.
Get away with *something*	ˈget əˈweɪ wɪð ˈsʌmθɪŋ	Salirse con la suya	*The murderer got away with the crime.* El asesino se salió con la suya.
Get back	ˈget ˈbæk	Regresar	*We got back from our trip late at night.* Regresamos del viajar a altas horas de la noche.
Get *something* **back**	ˈget ˈsʌmθɪŋ ˈbæk	Recibir algo que habías prestado	*I got my favourite book back.* Me devolvieron mi libro favorito.
Get by	ˈget baɪ	Apañárselas/Arreglárselas	*He manages to get by with his pension.* Él logra apañárselas con su pensión.
Get on *something*	ˈget ɒn ˈsʌmθɪŋ	Subirse/montarse en un vehículo	*She got on the bus and left.* Se subió al autobús y se fue.
Get over *something*	ˈget ˈəʊvə ˈsʌmθɪŋ	Superar (enfermedad/situación)	*Come on! Stop crying and just get over it!* ¡Venga, deja de llorar y supéralo!
Get out	ˈget aʊt	Salir (de un lugar)	*You should get out more.* Deberías salir más.
Get together	ˈget təˈgeðə	Reunirse/quedar	*Let's get together for a coffee!* ¡Quedemos para tomarnos un café!
Get up	ˈget ʌp	Levantarse	*I hate getting up early.* Odio levantarme temprano.
Get down	ˈget daʊn	Bajar(se)	*Get down from that tree now!* ¡Bájate del árbol ya!
Get in	ˈget ɪn	Entrar	*Get in the car!* ¡Entra en el coche!

Give something away	gɪv ˈsʌmθɪŋ əˈweɪ	Regular/donar	She gave away most of her shoes. Donó la mayor parte de sus zapatos.
Give something back	gɪv ˈsʌmθɪŋ ˈbæk	Devolver	Give me my money back! ¡Devuélveme mi dinero!
Give in	gɪv ɪn	Rendirse	I don't know the answer. I give in! No sé la respuesta. ¡Me rindo!
Give something out	gɪv ˈsʌmθɪŋ aʊt	Repartir	They were giving out drink coupons. Estuvieron repartiendo consumiciones gratis.
Give something up	gɪv ˈsʌmθɪŋ ʌp	Abandonar (adicción)	After more than twenty years, he gave up smoking. Después de más de veinte años, dejó de fumar.
Go after someone	gəʊ ˈɑːftə ˈsʌmwʌn	Seguir/perseguir	The old lady went after the thief. La señora mayor persiguió al ladrón.
Go against someone	gəʊ əˈgenst ˈsʌmwʌn	Ir en contra	It goes against my principles. Va en contra de mis principios.
Go back	gəʊ ˈbæk	Regresar	I went back home for Christmas. Regresé a casa por Navidad.
Go down	gəʊ daʊn	Disminuir	The temperature is going down. La temperatura está disminuyendo.
Go out	gəʊ aʊt	Salir	We're going out tonight. Esta noche salimos.
Go out with someone	gəʊ aʊt wɪð ˈsʌmwʌn	Tener una cita	I'm going out with someone special. Voy a tener una cita con alguien especial.
Go over something	gəʊ ˈəʊvə ˈsʌmθɪŋ	Revisar	Please **go over** your homework and look for the mistakes. Por favor, revisa tu tarea y busca los fallos.
Grow apart	grəʊ əˈpɑːt	Distanciarse sentimentalmente	When I went abroad, my best friend and I grew apart. Cuando me fui al extranjero, mi mejor amigo y yo nos distanciamos.
Grow up	grəʊ ʌp	Crecer/hacerse mayor	When I grow up I want to be a vet. Cuando me haga mayor quiero ser veterinario.

Hand *something* **back**	hænd 'sʌmθɪŋ 'bæk	Devolver	*I handed the CD back to my sister.* Le devolví el CD a mi hermana.
Hand *something* **in**	hænd 'sʌmθɪŋ ɪn	Entregar	*The students handed the homework in to their teacher.* Los estudiantes entregaron los deberes a la profesora.
Hand *something* **out**	hænd 'sʌmθɪŋ aʊt	Repartir	*Volunteers were handing out food and clothes after the flood.* Los voluntarios estuvieron repartiendo comida y ropa después de la inundación.
Hang on	hæŋ ɒn	Esperar/mantener a la espera	*Hang on please, I'll put you through.* Permanezca a la espera por favor, le pasaré.
Hang out	hæŋ aʊt	Pasar el rato	*He hangs out in the park for hours.* Él pasa el rato en el parque durante horas.
Hang up	hæŋ ʌp	Colgar (teléfono)	*He hung up in the middle of the conversation.* Me colgó en mitad de la conversación.
Head for	hed fɔː	Dirigirse a	*I head for work at 6.30 every morning.* Me dirijo al trabajo a las 6:30 cada mañana.
Hear about	hɪər əˈbaʊt	Enterarse/conocer	*How did you hear about us?* ¿Cómo nos has conocido?
Hide away	haɪd əˈweɪ	Esconder, ocultar	*The murderer hid away the gun.* El asesino ocultó el arma.
Hold *something* **back**	həʊld 'sʌmθɪŋ 'bæk	Contener (emoción)	*He held back his anger.* Contuvo su enfado.
Hold on	həʊld ɒn	Mantenerse a la espera	*Please hold on, I'll put you through.* Manténgase a la espera por favor, le pasaré.
Joke around	dʒəʊk əˈraʊnd	Hacer gracias/bromear	*She was always joking around.* Estaba siempre gastando bromas.
Jump in	dʒʌmp ɪn	Meterse en (conversación)	*He jumped in the discussion and gave his point of view.* Se metió en la conversación y dio su punto de vista.
Keep away	kiːp əˈweɪ	No acercarse/Mantener fuera del alcance	*I keep away from people who are ill.* No me acerco a personas enfermas.

Keep on doing *something*	kiːp ɒn ˈduːɪŋ ˈsʌmθɪŋ	Seguir haciendo algo	*Keep on walking, we are almost there.* Sigue andando, ya casi hemos llegado.
Keep *someone/ something* **out**	kiːp ˈsʌmwʌn ˈsʌmθɪŋ aʊt	No pasar	*Keep out of that room.* No entres en esa habitación.
Leave out	liːv aʊt	No incluir/dejar fuera	*I was left out by my friends.* Mis amigos me dejaron de lado.
Let *someone* **down**	let ˈsʌmwʌn daʊn	Decepcionar/fallar (a alguien)	*I needed your support but you let me down.* Necesitaba tu apoyo pero me decepcionaste.
Let *someone* **in**	let ˈsʌmwʌn ɪn	Permitir la entrada	*It's raining! Can I let the dog in?* ¡Está lloviendo! ¿Puedo dejar entrar al perro?
Log in	lɒg ɪn	Iniciar sesión (a una página web)	*I can't log in because I haven't registered yet.* No puedo iniciar sesión porque aún no me he registrado.
Log out	lɒg aʊt	Cerrar sesión (a una página web)	*Remember to log out just.* Recuerda cerrar sesión.
Look after *someone/ something*	lʊk ˈɑːftə	Cuidar de	*I have to look after my little brother this weekend.* Tengo que cuidar de mi hermano pequeño este fin de semana.
Look back	ˈsʌmwʌn ˈsʌmθɪŋ	Echar la vista atrás (al pasado)	*Don't look back with regret, look forward with hope.* No te lamentes por el pasado, ten esperanza en el futuro.
Look down on *someone*	lʊk ˈbæk	Menospreciar	*Don't look back on me!* ¡No me menosprecies!
Look for *someone/ something*	lʊk daʊn ɒn ˈsʌmwʌn	Buscar	*I'm looking for Peter. Have you seen him?* Estoy buscando a Peter, ¿lo has visto?
Look forward to *something*	lʊk fə ˈsʌmwʌn ˈsʌmθɪŋ	Desear/anhelar (que suceda algo)	*I'm looking forward to summer time.* Espero con impaciencia la llegada del verano.
Look out	lʊk ˈfɔːwəd tə ˈsʌmθɪŋ	Tener cuidado/ estar atento	*Look out for pedestrians!* Cuidado con los peatones.
Look *something* **over**	lʊk aʊt	Revisar	*You should look over your writing before you hand it in to the teacher.* Deberías revisar tu redacción antes de entregársela a la profesora.

Look *something* **up**	lʊk 'sʌmθɪŋ 'ʌp	Buscar información/hacer una consulta	*I didn't know that word in English so I looked it up in the dictionary.* No conocía esa palabra en inglés así que la busqué en el diccionario.
Look up to *someone*	lʊk 'sʌmθɪŋ ʌp	Mostrar respeto por/admirar	*People should look up to their parents.* La gente debería mostrar respeto a sus padres.
Make *something* **up**	'meɪk 'sʌmθɪŋ ʌp	Inventarse algo	*He is always making up crazy stories about his past.* Siempre está inventando historias locas sobre su pasado.
Make up	'meɪk ʌp	Hacer las paces	*My friend and I were angry but we made up.* Mi amigo y yo estábamos enfadados pero hicimos las paces.
Make *someone* **up**	'meɪk 'sʌmwʌn ʌp	Maquillar/maquillarse	*When I was a teenager I loved making up for parties.* Cuando era una adolescente me encantaba maquillarme para las fiestas.
Mix *something* **up**	mɪks 'sʌmθɪŋ ʌp	Confundir algo	*The new teacher kept mixing up our names.* La profesora nueva se pasó todo el rato confundiendo nuestros nombres.
Pass away	pɑːs ə'weɪ	Fallecer/morir	*My grandmother passed away last year.* Mi abuela falleció el año pasado.
Pass out	pɑːs aʊt	Desmayarse	*It was so hot in the room that I was about to pass out.* Hacía tanto calor en la habitación que estuve a punto de desmayarme.
Pass *something* **up**	pɑːs 'sʌmθɪŋ ʌp	Dejar pasar (algo positivo)	*You passed up that opportunity because you weren't self-confident enough.* Perdiste esa oportunidad porque no tenías suficiente autoconfianza.
Pay *someone* **back**	peɪ 'sʌmwʌn 'bæk	Devolver el dinero (que se le debe a alguien)	*Can you lend me some money, please? I'll pay you back tomorrow.* ¿Puedes prestarme algo de dinero, por favor? Te lo devolveré mañana.
Pick at	pɪk æt	Molestar con críticas/meterse con alguien	*My parents were always picking at me because of my clothes.* Mis padres siempre se estaban metiendo conmigo por mi ropa.

Pick *something* **out**	pɪk ˈsʌmθɪŋ aʊt	Elegir	*Pick out one skirt you like and I'll buy it for you.* Elige una falda que te guste y te la compraré.
Pick up	pɪk ʌp	Recoger (a alguien)	*I have to pick up the kids at 5 o´clock.* Tengo que recoger a los niños a las 5.
Pig out	pɪg aʊt	Comer demasiado (hartarse)	*At Christmas is the time when people pig out before their New Year's resolutions.* Navidad es una época donde la gente se harta a comer antes de hacer sus propósitos de Año Nuevo.
Point *someone/ something* **out**	pɔɪnt ˈsʌmwʌn ˈsʌmθɪŋ aʊt	Señalar algo	*Stop pointing out my mistakes!* ¡Deja de mostrar mis fallos!
Put down	ˈpʊt daʊn	Dormir (sacrificar un animal)	*Putting your pet down is a difficult decision to take.* Dormir a tu mascota es una decisión difícil.
Put *someone* **down**	ˈpʊt ˈsʌmwʌn daʊn	Insultar, hacer sentir a alguien estúpido	*The students put the substitute teacher down because his pants were too short.* Los estudiantes dejaron en evidencia al profesor substituto por llevar pantalones muy cortos.
Put *something* **off**	ˈpʊt ˈsʌmθɪŋ ɒf	Posponer	*We had to put the meeting off for next week.* Tuvimos que posponer la reunión hasta la próxima semana.
Put *something* **out**	ˈpʊt ˈsʌmθɪŋ aʊt	Extinguir	*The firemen put the fire out.* Los bomberos apagaron el fuego.
Put *something* **together**	ˈpʊt ˈsʌmθɪŋ təˈgeðə	Armar (piezas)	*I'm terrible with putting together build-it-yourself furniture.* Soy incapaz de armar muebles.
Put up with *someone/ something*	ˈpʊt ʌp wɪð ˈsʌmwʌn ˈsʌmθɪŋ	Soportar/tolerar	*I can't put up with my neighbours.* No soporto a mis vecinos.
Put *something* **on**	ˈpʊt ˈsʌmθɪŋ ɒn	Ponerse (una pieza de ropa, peso)	*Put on your coat. It's cold outside.* Ponte el abrigo. Hace frío afuera.

Put through	ˈpʊt θruː	Pasar a alguien (teléfono)	*Could you put me through Mr. Smith, please?* ¿Me podría pasar con el señor Smith, por favor?
Reach out for	riːtʃ aʊt fɔː	Tratar de alcanzar	*Try to reach out for the easiest solution.* Trata de encontrar la solución más sencilla.
Read out	riːd aʊt	Leer en voz alta	*She read the tale out to the children.* Leyó el cuento a los niños en voz alta.
Run away	rʌn əˈweɪ	Huir/escapar	*He ran away before the police could catch him.* Escapó antes de que la policía pudiera atraparlo.
Run into *someone/ something*	rʌn ˈɪntə ˈsʌmwʌn ˈsʌmθɪŋ	Encontrar por casualidad	*I ran into my cousin yesterday at the market.* Ayer me topé con mi primo en el mercado.
Run out	rʌn aʊt	Quedarse sin algo	*I **ran out** of flour so I couldn't bake a cake.* Me quedé sin harina así que no pude hacer una tarta.
Run over *someone/ something*	rʌn ˈəʊvə ˈsʌmwʌn ˈsʌmθɪŋ	Atropellar/arrollar	*I accidentally **ran over** your dog.* Atropellé accidentalmente tu perro.
Save up	seɪv ʌp	Ahorrar dinero (para algo en concreto)	*I'm saving up money for a new car.* Estoy ahorrando para comprarme un coche nuevo.
See off	ˈsiː ɒf	Despedirse	*We all went to see Sandra off and wish her good luch.* Todos fuimos a despedir a Sandra y desearle buena suerte.
Sell out	sel aʊt	Agotarse	*I couldn't get tickets for the concert. They had sold out.* No pude conseguir entradas para el concierto. Estaban agotadas.
Send *something* **back**	send ˈsʌmθɪŋ ˈbæk	Devolver	*My letter got **sent back** to me because I used the wrong stamp.* Mi carta me fue devuelta porque usé el sello incorrecto.
Set aside	set əˈsaɪd	Apartar/reservar	*Set those invoices aside, we will check them tomorrow.* Aparta esas facturas, mañana las revisaremos

Set *something up*	set ˈsʌmθɪŋ ʌp	Fundar/establecer/crear (un negocio)	*Two manufacturing companies were set up in my city.* Se han fundado dos fábricas en mi ciudad.
Settle down	ˈsetl daʊn	Establecerse/sentar la cabeza	*I finally found a man who's ready to settle down.* Finalmente he encontrado a un hombre preparado para sentar cabeza.
Shop around	ʃɒp əˈraʊnd	Comparar precios	*She was shopping around looking for the perfect pair of boots.* Ella estuvo comparando los precios de las botas para encontrar el perfecto par.
Show off	ʃəʊ ɒf	Presumir/fanfarronear	*She was always showing off in front of the whole class.* Siempre estaba presumiendo delante de toda la clase.
Sign in	saɪn ɪn	Registrarse/fichar	*We must sign in when we arrive.* Tenemos que registrarnos a la llegada.
Sign out	saɪn aʊt	Salir (cerrar sesión)/fichar a la salida	*The visitors have to sign out before they leave.* Los visitantes tienen que firmar a la salida.
Sit back	sɪt ˈbæk	Sentarse (de manera relajada)	*Just sit back and relax.* Simplemente siéntate y relájate.
Sleep in	sliːp ɪn	Levantarse más tarde (de lo habitual)	*On Sunday I can sleep in because I don't have to go to work.* Los domingos me puedo levantar más tarde porque no tengo que ir a trabajar.
Sleep over	sliːp ˈəʊvə	Quedarse a dormir en casa de alguien (informal)	*Mum, can my friend sleep over tonight?* Mamá, ¿se puede quedar a dormir mi amiga?
Slow down	sləʊ daʊn	Disminuir velocidad	*Drivers need to slow down and be careful on slippery roads.* Los conductores necesitan reducir la velocidad y tener cuidado en las carreteras resbaladizas.
Sort *something* **out**	sɔːt ˈsʌmθɪŋ aʊt	Poner en orden	*I must sort all this mess out.* Tengo que poner en orden todo este caos.
Speak up	spiːk ʌp	Hablar en voz (más) alta	*I can't hear. Can you speak up?* No te oigo, ¿puedes hablar más alto?

Split up	splıt ʌp	Separar(se)/dividir	*My parents split up when I was just a baby.* Mis padres se separaron cuando yo era tan solo un bebé.
Stand out	stænd aʊt	Destacar	*I need to create a visual CV which stands out* Necesito crear un CV visual que destaque (sobre el resto).
Stick to *something*	stık tə 'sʌmθıŋ	Limitarse a hacer algo	*If you stick to my instructions, everything will be fine.* Si te limitas a seguir mis instrucciones, todo irá bien.
Switch *something* **off**	swıtʃ 'sʌmθıŋ ɒf	Apagar	*Can I switch off the light?* ¿Puedo apagar la luz?
Switch *something* **on**	swıtʃ 'sʌmθıŋ ɒn	Encender	*I switched the telly on to watch the news.* Encendí la tele para ver las noticias.
Take after *someone*	teık 'ɑːftə 'sʌmwʌn	Parecerse a un pariente	*He takes after his dad. Both are stubborn.* Salió a su padre. Ambos son testarudos.
Take off	teık ɒf	Despegar	*My plane took off later than it was scheduled.* Mi vuelo despegó más tarde de lo previsto.
Take *something* **off**	teık 'sʌmθıŋ ɒf	Quitar (pieza de ropa)	*Take off your coat and come in.* Quítate el abrigo y pasa.
Think *something* **over**	'θıŋk 'sʌmθıŋ 'əʊvə	Considerar/pensar detenidamente	*I'll have to think over what you have said and then, we'll see.* Tendré que pensar detenidamente en lo que me has dicho y luego ya veremos.
Throw up	'θrəʊ ʌp	Vomitar	*I was so dizzy that I threw up.* Estaba tan mareada que vomité.
Throw *something* **away**	'θrəʊ 'sʌmθıŋ ə'weı	Deshacerse de/tirar	*I threw away all my school books.* Tiré todos los libros de la escuela.
Tidy up	'taıdi ʌp	Recoger	*If you want to go out with your friends, you must tidy up your room first.* Si quieres salir con tus amigos, primero recoge tu habitación.
Try *something* **on**	traı 'sʌmθıŋ ɒn	Probarse (ropa)	*You should try that shirt on. It is beautiful!* Deberías probarte esa camisa. ¡Es preciosa!

Try *something* **out**	traɪ ˈsʌmθɪŋ aʊt	Probar (producto)	*Try our new biscuits! They are delicious!* Pruebe nuestras nuevas galletas. ¡Están riquísimas!
Turn *someone* **on**	tɜːn ˈsʌmwʌn ɒn	Poner (cachondo) a alguien	*His sexy voice turns me on.* Su voz me pone caliente.
Turn up	tɜːn ʌp	Aparecer de repente	*All of a sudden, he turned up at my house.* De repente se presentó en mi casa.
Turn *something* **down**	tɜːn ˈsʌmθɪŋ daʊn	Bajar volumen	*Please **turn** the volume **down**. I'm trying to sleep!* Por favor, baja el volumen, ¡estoy intentando dormir!
Turn *something* **off**	tɜːn ˈsʌmθɪŋ ɒf	Apagar	*Turn the TV off if you are not watching it.* Si no estás viendo la tele, apágala.
Turn *something* **on**	tɜːn ˈsʌmθɪŋ ɒn	Encender	*Can you turn on the lights, please?* ¿Puedes encender la luz, por favor?
Wake up	weɪk ʌp	Despertarse	*I hate waking up early!* ¡Odio madrugar!
Warm up	wɔːm ʌp	Calentar(se)	*It's important to warm up your body before any physical activity.* Es importante hacer calentamiento antes de cualquier ejercicio físico.
Wear off	weər ɒf	Desaparecer	*The painkiller will wear off after a few hours.* El calmante dejará de hacer efecto en un par de horas.
Work out	ˈwɜːk aʊt	Ejercitarse	*I **work out** every morning.* Hago ejercicio todas las mañanas.
Work *something* **out**	ˈwɜːk ˈsʌmθɪŋ aʊt	Calcular	*Work out how much cooperation is required.* Calcula cuánta cooperación se necesita.
Write down	ˈraɪt daʊn	Tomar notas/ anotar	*Write down all your answers.* Escriban todas sus respuestas.
Zoom in on	zuːm ɪn ɒn	Centrar (atención) en algo/ ampliar imagen	*Click here to zoom in on the object.* Hacer click aquí para ampliar la imagen.

Printed by Amazon Italia Logistica S.r.l.
Torrazza Piemonte (TO), Italy